时代印记

王志艳◎编著

爱迪生

延边大学出版社

图书在版编目（CIP）数据

寻找爱迪生 / 王志艳编著 . —延吉：延边大学出版社，2013.8(2020.7 重印)

ISBN 978-7-5634-5883-7

Ⅰ.①寻… Ⅱ.①王… Ⅲ.①爱迪生，T.A.（1847～1931）—传记—青年读物②爱迪生，T.A.（1847～1931）—传记—少年读物 Ⅳ.① K837.126.1-49

中国版本图书馆 CIP 数据核字 (2013) 第 210016 号

寻找爱迪生

编著：王志艳
责任编辑：孙淑芹
封面设计：映像视觉
出版发行：延边大学出版社
社址：吉林省延吉市公园路 977 号 邮编：133002
电话：0433-2732435 传真：0433-2732434
网址：http://www.ydcbs.com
印刷：唐山新苑印务有限公司
开本：690×960 1/16
印张：11 印张
字数：100 千字
版次：2013 年 8 月第 1 版
印次：2020 年 7 月第 3 次印刷
书号：ISBN 978-7-5634-5883-7
定价：29.80 元

前言

历史发展的每一个时代，都会有对后世产生巨大影响的人物，都会有推动我们前进的力量。这些曾经创造历史、影响时代的英雄，或以其深邃的思想推动了世界文明的进步，或以其叱咤风云的政治生涯影响了历史的进程，或以其在自然科学领域中的巨大成就为人类造福……

总之，他们在每个时代都留下了深深的印记，烙上了特定的记号。因为他们，历史的车轮才会不断前进；因为他们，每个时代的内容才会更加精彩。他们，已经成为历史长河的风向标，成为一个时代的闪光点，引领着我们后人走向更加深邃的精神世界和更加精彩的物质世界。

今天，当我们站在一个新的纪元回眸过去的时候，我们不能不提起他们的名字，因为是他们改变了我们的世界，改变了人类历史的发展格局。了解他们的生平、经历、思想、智慧，以及他们的人格魅力，也必然会对我们的人生产生深刻的影响。

为了能了解并铭记这些为人类历史发展做出过巨大贡献的人物，经过长时间的遴选，我们精选出一些最具影响力、最能代表时代发展与进步的人物，编成这套《时代印记》系列丛书，其宗旨是：期望通过这套青少年乐于、易于接受的传记形式的丛书，对青少年读者的成长产生潜移默化的影响，使他们能够从中吸取到有益的精神元素，立志奋进，为祖国、为人类作出自己的贡献。

前言

　　本套丛书写作角度新颖，它不是简单地堆砌有关名人的材料，而是精选了他们一生当中最富有代表性的事迹与思想贡献，以点带面，折射出他们充满传奇的人生经历和各具特点的鲜明个性，从而帮助我们更加透彻地了解每一位人物的人生经历及当时的历史背景，丰富我们的生活阅历与知识。

　　通过阅读这套丛书，我们可以结识到许多伟大的人物。与这些伟人"交往"，也会进一步提高我们的思想品格与道德修养，并以这些伟人的典范品行来衡量自己的行为，激励自己不断去追求更加理想的目标。

　　此外，书中还穿插了许多与这些著名人物相关的小知识、小故事等。这些内容语言简练，趣味性强，既能活跃版面，又能开阔青少年的阅读视野，同时还可作为青少年读者学习中的课外积累和写作素材。

　　我们相信，阅读本套丛书后，青少年朋友们一定可以更加真切、透彻地了解这些伟大人物在每个时代所留下的深刻印记，并从中汲取丰富的人生经验，立志成才。

导 言
Introduction

托马斯·阿尔瓦·爱迪生（1847—1931），举世闻名的美国电气学家和发明家，被誉为"发明大王"。他一生共有2000多项创造发明，除了在电报、留声机、电灯、电影等方面的发明和贡献以外，他在矿业、建筑、化工等领域也都有不少著名的创造成就与真知灼见。

同时，爱迪生还是一位成功的企业家，先后创办了波普—爱迪生公司、爱迪生电力照明公司、爱迪生通用电气公司等，并开始了通用电气在电气领域中长达一个多世纪的统治地位。

爱迪生出生于美国中西部俄亥俄州的米兰小镇，父亲是荷兰人后裔，母亲是苏格兰人后裔，曾做过中学教师。爱迪生8岁时上学，但仅上了3个月就被老师斥为"低能儿"而撵出校门。此后，母亲成为他的"家庭教师"，悉心教育引导他学习成长，使他对读书产生了浓厚兴趣。

爱迪生12岁时开始在列车上卖报，并兼做水果、蔬菜生意，并在美国内战爆发期间创办了自己的第一份报纸——《先驱报》。16岁时，爱迪生学会了电报技术，成为一名报务员，从此走上了发明创造的道路。

此后，他又开办过工厂，并先后建立了门罗公园实验室和奥兰治实验室，集中精力进行各种发明创造。

有人曾进行过统计：爱迪生一生中的发明在专利局正式登记的就有1300种左右。1881年更是他发明的最高纪录年。这一年，他申请立案的发明就有141种，平均每三天就有一项发明问世。迄今为止，世界上还没有一个人能够打破爱迪生一生中发明专利的世界纪录。

　　在爱迪生那不知疲倦而又卓有成效的发明生涯中，他为人类掀起了一次又一次的科技革命浪潮：多重发报机、留声机、电灯、电影放映机、蓄电池以及对电话、打字机的重大改进等，都为人类留下了难以估量的财富。

　　1931年10月18日，这位为人类做出过伟大贡献的发明家和企业家因病去世，终年84岁。在他走完了自己不平凡的一生后，有人这样评价他：

　　"虽然爱迪生不发明历史，但他的发明却为历史锦上添花。"

　　本书从爱迪生的儿时生活写起，一直写到他所创造出来的伟大发明及所取得的辉煌成就，再现了爱迪生具有传奇色彩的一生，旨在让广大青少年朋友了解这位发明大王不平凡的人生经历，学习他那种对理想坚持不懈、对困难百折不挠的坚毅精神。

目　录
contents

时代印记　目录

目录

第一章　好奇的顽童

伟大人物最明显的标志，就是他坚强的意志。

——爱迪生

（一）

托马斯·阿尔瓦·爱迪生的祖先是荷兰人。大约在1730年前后，爱迪生家族与其他移民一起，从荷兰的阿姆斯特丹来到美洲，在新泽西帕塞克河附近的一个名叫科尔杜维尔的村庄住了下来。

爱迪生的祖父约翰·爱迪生是个"王朝正统主义者"，也就是所属国的保皇党。在美国独立战争中，他参加了英国军队的远征军。英军战败后，约翰不得已带着全家，跟着一大批被驱逐的保皇党人来到了毗邻加拿大西部边疆的新斯科舍半岛。在这里，约翰开辟出一个农场，开始了新的生活。

安定下来后，约翰的儿子，即爱迪生的父亲塞穆尔·爱迪生便在伊利湖畔的维恩那城开了一家旅馆，生活过得还算不错。

维恩那城里有一个名叫南希·艾利奥特的女教师，是苏格兰裔的加拿大人。她的父亲是个神父，因此南希从小就受到良好的教育。她心地善良，富有同情心，深得市民的尊敬和爱戴，也引起了塞穆尔的爱慕。于是，塞穆尔便对南希展开了追求。

1828年，塞穆尔与南希结婚了。婚后不久，他们一起养儿育女，过着安宁的生活。

然而好景不长，家里的安宁生活再一次被激烈的政治事件破坏了。1837年，加拿大爆发了反对英国都督独裁的起义，加拿大的资产阶级企图通过实行立宪代议制来夺取政权。塞穆尔参加了这次起义，他的旅馆也成了本区起义的司令部。

然而，起义很快就被英国殖民者镇压下去，塞穆尔的财产也被加拿大政府没收。塞穆尔无奈之下，只好只身一人随着一群失败者逃到了美国。

开始时，塞穆尔在伊利湖附近的一些城市居住，后来便定居在离休伦河流入伊利湖处不远的米兰镇。

1938年，在塞穆尔的好友、伊利湖著名的船长阿尔瓦·西雷德利的帮助下，南希才带着孩子们一起搬到了米兰镇，一家人得以团聚。

安定下来后，塞穆尔便在当地经营木瓦的生产和贩卖生意，同时还做些贩卖粮食的生意。塞穆尔精力旺盛，从来不知疲倦，而且兴趣广泛，只要对一种事业产生兴趣，就会执著追求，直至获得成功。

生意做得不错，塞穆尔一家的生活也很快有了改善。他们坐落在山脚下的带有顶楼小屋的红砖住宅里，经常传来孩子们欢快的笑声。

在与塞穆尔结婚后，南希先后生了7个孩子。在迁居米兰之前，南希就生下了4个孩子。此后，她又生了3个。爱迪生是7个孩子中最小的一个。

1847年2月11日，享誉世界的最伟大的发明家之一，托马斯·阿尔瓦·爱迪生在米兰的这所红砖住宅里出生了。

对这位新生儿为何会采取复式的名字，他的家人是这样解释的：在爱迪生出生那天，塞穆尔的哥哥托马斯恰好来米兰做客。为了表示对客人的尊敬，便用客人的名字为新生儿命名。另外，为了表示对帮助塞穆尔一家在米兰团聚的阿尔瓦·西雷德利船长的感激和敬意，又给新生儿起了第二个名字：阿尔瓦。而母亲南希则亲昵地称呼他为阿尔。

爱迪生出生这年，他的父亲塞穆尔43岁，母亲南希37岁。爱迪生在这个淳朴的小镇上度过了他终生难忘的7年，而米兰小镇上也留下了许多关于他的轶事传说。

（二）

爱迪生出生时就有一双亮晶晶的灰色大眼睛，看起来很聪明。不过，他的脑袋特别大，头发也很少，身体羸弱，看起来有些弱不禁风，所以父母十分担心他。但随着时间一天天过去，小家伙一天天长大了，身子骨也渐渐结实起来，父母心中的大石头这才放下。

爱迪生从小就对周围的事物非常有兴趣，总是试图用手去抓住。嘴巴和眼睛动起来时，他就像是成人在思考问题一样。刚一学会走路，他就不要别人帮助，自己跌跌撞撞地走来走去。

渐渐大一点后，爱迪生表现得更加与众不同。

"阿尔要比一般的孩子更好奇，并且有一种将别人告诉他的事情付诸实践的本能，以及两倍于他人的精力和创造精神。"这是人们对小时候的爱迪生的评价。

爱迪生经常向大人提出各种各样的问题，这些问题在大人们看来好像不是什么问题，可却常常答不上来。

比如有一次，爱迪生冷不丁地问父亲：

"为什么会刮风呢？"

"阿尔，我不知道。"父亲回答说。

"可是，您为什么不知道呢？"爱迪生又问。

有时，他还会追在哥哥姐姐身后问各种问题，比如：

"茶杯掉在地上，为什么会摔破呢？"

"蜻蜓为什么会飞呢？它的眼睛为什么会长在头顶？"

如果哥哥姐姐回答说不知道，爱迪生就会继续追问：

"你为什么会不知道呢？"

诸如此类的问题，常常弄得别人哭笑不得。

对于爱迪生来说，这个世界到处都有数不清的奇异事物，但大人们的回答却不能令他感到满意，于是他就自己做实验，什么事都想试试。不过，他也因此遭遇了很多危险。4岁的一天，爱迪生很想知道野蜂窝里有什么秘密，就用一根树枝去捅野蜂窝，结果脸被野蜂蛰得红肿，几乎连眼睛都睁不开了。

还有一次，爱迪生到储麦子的房子里，不小心一头栽到麦囤里，麦子埋住了他的脑袋，动也不能动，他差点死去。幸好有人及时发现了他，并抓住他的脚，把他拉了上来。

有时候，爱迪生还会跑到父亲经营的工厂，向工人问这问那，最后弄得工人很不耐烦。

"不行，不行！这里不是小孩子玩的地方，你赶快到别的地方去玩吧！"

等爱迪生离开后，工人们便小声议论起来。

"这个孩子，头脑可能有问题吧？"

"可怜的老板，生了一个脑子有问题的孩子！"

被工人们赶走后，爱迪生又跑到镇上的造船厂里。这里是爱迪生最喜欢的地方。

与往常一样，爱迪生在这里也是问东问西，向工人们问个不停，有时还不满足，自己拿起锤子、刨子等，敲敲打打的。

工人们都觉得爱迪生这样做很危险。果然有一次，爱迪生锯伤了自己的左手。

"瞧你！这么小就敢玩刀玩锯，所以才会受伤。快走开，走开！"在那里，爱迪生又被工人们赶走了。

爱迪生还经常到邻居塞穆尔·温切斯特的碾坊去玩。有一天，他在温切斯特的碾坊看见温切斯特正在用一个气球做一种飞行装置试验，这个试验让爱迪生入了迷。他想：要是人的肚子里也充满了气，那是不是也能飞上天呢？那该多美啊！

于是几天后，爱迪生就找来几种化学药品混在一起，准备做个实验。他叫来父亲工厂的工人迈克尔·奥茨，告诉奥茨，他吃了这些药后就能升上天。倒霉的奥茨吃了爱迪生配置的化学药品后，几乎昏厥过去。而爱迪生还坚持认为，奥茨飞不起来是奥茨的失败，不是自己的错。

这件事不仅让爱迪生的父母感到十分头痛，同时还震惊了附近孩子的父母。他们都纷纷警告自己的孩子，不要与爱迪生一起玩。

当然，爱迪生也因此遭到了父亲的一顿狠打，不过这并没有阻止他强烈的求知欲和继续做实验的愿望。

有一次，爱迪生在父亲的农场玩耍，居然点燃了父亲的仓库——他是想看看火到底是什么样的——结果仓库全部化为灰烬。为此，他自然是又遭到了父亲的一顿严厉的毒打。

不过，"好了伤疤忘了疼"，小爱迪生后来还是不断制造出各种麻烦，以至于父亲觉得这个孩子恐怕真像别人说的那样，有点不正常！

（三）

爱迪生6岁的时候，塞穆尔·爱迪生的生意经营不下去了，一家人的生活日渐清苦。为了另谋发展，塞穆尔带着全家人迁到密歇根州的休伦港，住在北郊的格拉蒂奥特堡。

刚刚搬到这里不久，爱迪生就患上了猩红热，并且病了好长时间。在爱迪生生病期间，母亲南希不知流了多少眼泪，她真担心爱迪生会活不下去。要知道，爱迪生是她最小的孩子，在他之前，她已经失去了三个孩子，南希再也承受不起丧子的打击了。

好在经过持续不断的高烧之后，爱迪生总算熬过了这场大病。大病初愈后，南希让他在家休养，没有送他去上学。后来，爱迪生的耳朵聋了，人们通常认为这次猩红热是导致他耳聋的一个重要原因。

来到这里后，塞穆尔依然从事粮食生意，并兼营木材。当时交易的主要物产，是从休伦港附近的森林砍伐的木材。塞穆尔与当地的实业家合伙设立了一家木材公司，经营得还不错。

从他们在休伦港的家中，可以俯瞰到从休伦湖流出的圣克莱尔河。那是一栋殖民地式的红砖建筑，共有十多个房间，客厅中装着大火炉，后面还有佣人房和马车房，并拥有10英亩大的果树园。每年春天一到，果园里的树上就开满了鲜花；到了秋天，葡萄架上还结满了一颗颗水晶一般的葡萄。

这个地方可谓山清水秀，风景优美，于是，塞穆尔就在这个院子里建立了著名的"爱迪生的巴贝尔塔"（巴贝尔塔是引用《圣经》里所提及的一个高塔），供人们前来观看附近的湖光山色。

这个木制的高塔高约30米，走完螺旋形的阶梯到达顶端，可以将休伦湖以及远近的景色尽收眼底。

塔建好后，塞穆尔便吩咐爱迪生去散发传单，传单上写着：

美国第一高塔——在塔上可以看到世界的各个角落
开放供游客参观，门票仅收2角5分

传单一发出，前来参观的人就多到需要排队才行。爱迪生就成为这个塔的小管理员，每天向参观者收取门票。

参观人多的时候，每天可达到五六百人，所以小爱迪生每天都十分忙碌。过了些日子，来参观的人少了，爱迪生就建议父亲降低票价。父亲塞穆尔采纳了爱迪生的建议，将门票降到每人1角，可前来参观的人还是不如以前多。

其实，参观的人减少的原因并非门票太贵，而是由于巴贝尔塔原是塞穆尔请邻居帮忙建造的，建造得很简陋，经风一吹就会摇动，游客担心出事，所以人才会越来越少。这样，这座塔的生意也做不下去了，这里最后成了小爱迪生的玩耍场所。

不过在管理这座塔的过程中，爱迪生对工作产生了兴趣，于是他向父母提议，说自己想到镇上去卖菜。

父母起初很吃惊，可后来还是同意了爱迪生的请求。他们认为，这可以养成爱迪生勤劳的习惯。但父母告诉爱迪生，卖菜可以，不能因为辛苦而半途而废。

"放心好了，我不会的，我一定会干到底！"爱迪生信心百倍地承诺着。

第二天，小爱迪生就用小车推着自己家里种的菜到镇上去卖。这项新生意还真不错，爱迪生为人诚恳，不好的菜都不卖，菜价也比其他人的便宜，因此镇上的太太们都很喜欢这个大脑袋男孩，也都乐意到他那里去买菜。

过了一阵子，对生意发生兴趣的爱迪生又从别的农家批发一些水果，拉到镇上去卖，生意也相当不错。后来，生意忙的时候爱迪生一个人已经忙不过来了，他只好雇了一位比自己大两岁的少年来帮忙。

像这样经过一年多的时间，爱迪生居然赚了500多美元，这简直让塞穆尔和南希吓了一大跳！

不久，爱迪生就要上学了，便决定不再继续卖菜了。

第二章　天才的经营少年

　　书籍是天才留给人类的遗产，世代相传，更是给予那些尚未出世的人的礼物。

——爱迪生

（一）

　　爱迪生8岁的时候，母亲南希将他送到了附近的一所小学。这个学校里只有一个班级，一位老师。这位名叫恩格尔的老师同时也担任这所学校的校长。

　　学校的课程设置枯燥呆板，一点也引不起爱迪生的兴趣，因此，他从来没有好好坐在位子上听老师讲课，而是在下面随便走动，有时干脆就跑到外面去玩。有时候，他还收集别人丢弃的物品，制造出一些奇奇怪怪的东西，并带入教室，在课堂上玩这些东西，根本没注意老师在课堂上讲什么。

　　在做作业时，只要有一个问题得不到解答，他就不会继续做下一道题，这样他也经常完不成作业。为此，不了解爱迪生个性的恩格尔老师就把他当成一位迟钝笨拙的学生，认为他是个"低能儿"。

有一次，在上算术课的时候，老师讲一位数的加法。大家都在认真听讲，可爱迪生忽然举手问道：

"老师，1加1为什么等于2？"

爱迪生的问题让老师张口结舌，实在不知道该怎么解答。

这样，在学校不到三个月，老师便将爱迪生的母亲南希叫来了，对她说：

"这个孩子一点都不用功，简直就是个'低能儿'，总是提出一些可笑的问题，留在学校里只会妨害其他的学生，你还是把他带回家吧。"

爱迪生的母亲听了老师的话很生气，她不认为自己的孩子是个低能儿。她说：

"我认为阿尔比其他同龄的大多数孩子都聪明，我想我可以教我的阿尔，他再也不会来这里了！"

带着小爱迪生走出校门时，南希一阵心酸，眼泪不由地流了下来，她绝不认为自己的孩子是个低能儿，相反，根据她平时的观察，她觉得爱迪生不仅不是低能儿，还是个非常聪明优秀的孩子。

在受到这种刺激之后，南希便决心付出全部心血教育爱迪生，让他成为世界上第一流的人物。

在回到家后，南希问爱迪生：

"老师说你是劣等生，你认为这是耻辱吗？"

"不，我并没觉得这是什么丢人的事，我倒是觉得很不服气呢，因为……"

"因为什么？"

"因为，我想知道的事情老师一点都不教；我不想知道的事情，老师偏偏又要教。"

南希听了爱迪生的话很高兴，告诉他说：

"说实话，亲爱的阿尔，老师说你是个低能儿，但妈妈却不这样认为。从明天起，你就不要到学校去了，我会在家里好好教你。不过，你也要答应妈妈一件事，妈妈已经下定决心，无论如何要让你成为世界第一流的人物，你能不能答应我用心学习呢？"

"妈妈，我答应您，一定要做个伟大的人。"爱因斯坦大声说。

年幼的爱迪生就这样永远地告别了学校，这位以自己的深邃智慧极大地影响了人类生活方式的伟大发明家，一生就只上过这三个月的学。从那以后，母亲就成了爱迪生的"家庭教师"。

爱迪生的母亲南希曾经做过教师，熟悉现代教育理论，她很清楚，她能采用的最好方法就是让爱迪生按照自己的爱好和意志去发展，只需在必要的时候加以制止即可。

根据母亲南希的计划，无论春夏秋冬，在其他孩子玩的时候，爱迪生都要每天坚持学习。爱迪生从来也不反对母亲的教育，因为母亲教给他的不仅是知识，更多的则是学习方法。南希认为，多思考比简单地死记硬背知识更重要。只要是爱迪生看得懂的书，无论多难，都应该让他看。

爱迪生的母亲有着高超的教育才能，将家庭教育办得生动活泼。她经常和儿子一起坐在门前，一边晒太阳一边上课；她还带着儿子到高高的瞭望塔上，一边乘凉，一边阅读；冬天，她还会与儿子一起围着火炉上课。

后来，爱迪生曾这样说：

"我在早年发现了慈母是如何有益的。当学校的老师叫我笨蛋时，她来到学校为我极力辩护。从那时开始，我决定为她争光，决不辜负她的期望。她实在是真正理解我的人。"

（二）

在母亲南希的教导之下，爱迪生在学习英语、数学、文学、地理等一般课程的同时，开始阅读课外书籍。阅读也打开了爱迪生的视野，虽然书中有许多他看不懂的地方，但无疑的是，他被书中展示的多彩世界和深邃的思想深深地吸引住了。爱迪生在知识的海洋中傲游，如饥似渴地汲取人类先哲们的智慧和思想。

虽然这时的爱迪生才只有8岁，但他却已经读了英国文艺复兴时期最重要的剧作家莎士比亚、文学家狄更斯的著作。

到9岁时，爱迪生已经能读懂一些即便是中学生也难懂的书了，如《自然与实验哲学》。这本书包括了那个时代几乎所有的科学技术知识，从蒸汽机到氢气球，以及当时许多人们所熟悉的化学实验，涉及的知识面很广。这也是爱迪生所需要的书，它为爱迪生展示了一个崭新的世界。后来，他曾回忆说：

"《自然读本》是我第一次读到的科学书籍，那时我还不到10岁。"

后来，爱迪生几乎做了书中指定的所有实验，对化学也开始产生浓厚的兴趣。家中的地下室成为他的实验室，那里有200多个玻璃瓶，里面都装满了化学制剂和试剂。在进行实验中，经常会有小小的爆炸事件发生，父母既因此为儿子的安全担忧，又为儿子能自己动手做这些实验而骄傲。

南希见爱迪生的各种实验器材和药剂到处乱放，就教育他说，做完实验后，各种杂物应该分类规整一下，特别是一些有毒的物品，应贴上标签。后来，她发现爱迪生经常带着别的孩子来试弄这些药品，就坚持要爱迪生把有毒的试剂随时锁起来。

爱迪生10岁时读完了《罗马帝国衰亡史》《英国史》及《世界史》

等，甚至连自然科学巨人牛顿所著的《自然哲学的数学原理》等这些大部头的著作都成为爱迪生日常涉猎的对象。《自然哲学的数学原理》读起来自然很吃力，但爱迪生从书中也学到了重视实践的真理。

不过，爱迪生在读完《自然哲学的数学原理》后，开始蔑视起数学来。这种态度并非因为他不需要借助数学去判断涉及数学的许多问题，而是因为爱迪生的一些朋友为他解释了这本书中的一些疑难问题。后来，爱迪生还得出了这样的结论，他认为如果牛顿少知道些数学问题的话，他的知识面会更宽广一些。从此，爱迪生开始讨厌数学，并且一直没有恢复对它的好感。他将数学当成一种数字工具，可以用它来完成推理的逻辑结论，但数字不能帮助人们理解这一结论。数年后，爱迪生甚至很自负地说：

"我不是数学家，但我在这一领域里的名次可以处于领先地位。我可以雇来数学家，但他们却不能雇用我。"

后来，爱迪生在财富积累上远远超过了大多数数学家，其中的原因就是他夜以继日地进行实验，并将发明很快转化为产品。

母亲南希对爱迪生所进行的启蒙教育，使爱迪生养成了很好的阅读习惯，让他终生受益。但对于一个发明家来说，童年时代的这些"系统教育"显然是不够的。在以后的工作当中，爱迪生逐渐感到物理、化学和电工学等原理知识的不足，这也给他的工作带来了困难。当他需要解决一个难题时，就集中时间和精力大量阅读和实验，来弥补自己所受教育的空白。在后来回忆自己的人生时，爱迪生深深地感到读书的重要，他说：

"读书对于智慧，就像体操对于身体一样。"

（三）

在爱迪生的童年时代，"电"作为一种新型的能源已经进入普通人的生活。在人们纷纷开发电的实际用途中，最早将电作为一种信息传媒加以运用的就是电报。

1858年，在纽约和几个城市远至芝加哥之间架起了大约1288千米长的电报线。报纸上还刊登了电报员用电报连接城市的传奇故事。那时，人们对电和电报的兴趣正像我们现在对宇宙的兴趣一样浓厚。

而对一切事物都充满好奇的爱迪生，通过电报对电更是产生了浓厚的兴趣。对爱迪生来说，"电"无疑是一个充满着神奇与想象的字眼。爱迪生暗自为自己制订了计划，他要在这个神奇的领域试一试。爱迪生确信，他将来也可以发明一种电报。

爱迪生是个想干就干的孩子。可是，当他决定开始对电进行试验，需要购买各种电器装置时，父亲塞穆尔的生意却不好了，爱迪生的零花钱也随之减少了。去哪儿弄钱购买电器材料呢？爱迪生有些犯愁了。

1859年，爱迪生12岁了。这一年，从缅因州的波特兰至圣克莱尔河东岸的萨尼亚主干线铁路已经实现了部分通车。在河的西岸，又开辟了连接萨尼亚与休伦港的轮渡。与此同时，还开辟了从休伦港到底特律的南北单线。

铁路为小爱迪生提供了机会。爱迪生打听到，新铁路的早班列车上需要一个报童，而且报童还可以在火车上卖水果和饼子等。虽然铁路公司不付任何报酬，但报童可用很少的钱买下食品，然后在火车上用高一点的价钱卖出。爱迪生喜出望外，决定争取到这份工作，挣些钱来购买自己的实验设备。

但当爱迪生把这个消息告诉母亲南希后，一向支持儿子的南希却坚决反对。南希想到了那些可能发生的可怕事件：一旦火车相撞，甚至翻个底朝天怎么办？爱迪生才12岁，他在车上遇到坏人怎么办？

不过，父亲塞穆尔倒是很想得开，他认为爱迪生在车上可以得到锻炼，学到很多东西。

经过与母亲的讨价还价及发誓保证后，爱迪生终于在从休伦港开往底特律的早班列车上当了一名报童。

在火车上工作时，爱迪生一时也不闲着，总是不停地忙碌着，一会儿卖报纸，一会儿卖水果。空闲的时候，他就随便找个地方坐下来休息一下。

爱迪生卖报的那趟火车每天清晨7点驶出休伦港，10点抵达底特律，下午5点半返回，9点半到休伦港。火车到底特律后，爱迪生就先到报馆批报纸，准备在归途上卖。每当火车抵达车站后，没卖完的报纸就会被在车站玩耍的孩子抢去帮他在周围卖掉。

不久后，铁路当局又开通了底特律到格拉提沃加的铁路线，每天也是朝发夕至。爱迪生虽然也很想在这条线路上卖报，但分身无术，于是他就雇了一个报童安置在这趟车里。后来，他每天早晨就从底特律装运两筐蔬菜，火车到站后，他的小助手就将这些菜运到一个他租下的由另外一个小孩看管的摊位上去。由于这些从底特律运来的蔬菜比当地出产的新鲜，销售量日渐增加。

除了卖菜外，爱迪生还利用这条铁路逐渐开展多种小生意，比如帮农民将新鲜的奶酪运到底特律去卖，他赚一点差价；在各种浆果成熟的时节，他就用低价将大量浆果批发过来，然后卖到底特律去。

不久，新干线上又增加了一趟列车，爱迪生又雇了一个男孩做助手，在列车上卖报，然后在不同城市之间倒腾蔬菜、水果及其他物品等，进行销售。这样，他每天就能收入好几元钱，相当于当时一个成年人一天的劳动收入。几个月后，爱迪生在一周内就能赚到20美元，这在当时已经是一笔不低的收入了。

再下一步，爱迪生就开始出售自己家周围菜园的蔬菜产品。他曾说：

"在火车上跑的几个月后，我在休伦港开了两个店铺——一家出售报刊，一家卖蔬菜、黄油、奶酪和当季的草莓等。一个店铺里，我雇佣一个伙计，他们与我分享利润。"

就这样，一个12岁的少年，不知不觉就变成了一个"少年资本家"。当时帮爱迪生看店的少年后来回忆说：

"爱迪生是个性格温和的少年，有着中等的身材和棕色的头发。他只要一工作起来，就会废寝忘食。他总是买最便宜的衣服穿，一直穿到破烂不堪才会换上新的，但会经常保持衬衫的干净。他很少梳头发，皮鞋也从来不擦。"

爱迪生的收入在当时是十分可观了，但他从没乱花过一分钱。每天，他会抽出1美元交给母亲补贴家用，余下的钱除了吃饭外，全都用在买书和各种实验用品上。

每天长达14个小时的工作，爱迪生不仅要卖报纸，还要经营他的两个店铺，十分忙碌，但他从来没有忘记学习。母亲的话经常在他耳边响起：

"牛顿和瓦特在学校里都不算是优秀的学生，但他们并不灰心，仍然继续不断努力，最后终于成为世界著名的大科学家和发明家。所以，只要你努力用功，妈妈相信，你未来也一样可以发明东西。"

第三章　第一次办报

　　我始终不愿抛弃我的斗争的生活。我极端重视由斗争得来的经验，尤其是战胜困难后所得的愉快；一个人要先经过困难，然后踏进顺境，才觉得受用、舒服。

——爱迪生

（一）

　　火车每天在进入底特律车站后，都要在那里停留6个小时。每当这个时候，爱迪生便迅速打理好自己的生意，然后匆匆地赶到底特律公共图书馆去看书——那里有1.6万多部各种各样的藏书。

　　爱迪生一进入图书馆，便静静地坐在一旁看书，直到下午火车开车前才依依不舍地离开。图书馆里的藏书让爱迪生大开眼界，他暗下决心，一定要把这里的书全部读完。有了这个目标后，他就有计划地按照书架上排列的顺序依次读下去。而且每次读书时，还边读边做笔记，同时脑袋里还思考着各种做实验的方法。这样等到回到休伦港后，他就能用新的方法做实验了。

　　不论刮风下雨，爱迪生每天都坚持去图书馆看书，所以图书馆的管理员对他很熟悉，都亲切地称他为"小书虫"。

有一天，一位管理员走到正在埋头做笔记的爱迪生跟前，问他说：

"你每天都来这里看书，现在看了多少书了？"

"我已经读完第一架上的两层书了。"爱迪生说。

管理员听了，有些不相信，但看爱迪生严肃的样子，知道他没说假话，他不由得佩服起这个少年的读书毅力来。

不过，管理员却不赞同爱迪生的读书方法。他问爱迪生：

"你的精神的确可嘉，不过你这种读书方法并不可取。你读书的目的是什么呢？"

"我是按照书架的次序读的。我希望自己能够读完这里所有的图书，所以我就打算一个书架一个书架地读下去。"

"听我说，孩子。"管理员听完，坐在爱迪生旁边，语重心长地对他说，"读书应该有明确的目的性，而不应该只追求所读的数量。没有选择地什么书都读，效果往往不好，还会浪费时间。所以，我建议你以后应该选定一个目标，然后围绕这一目标进行阅读，这样才能事半功倍。"

这句话让爱迪生深受启发，他开始懂得学习要有明确目的的道理。从此以后，爱迪生便根据自己的兴趣和解决问题的实际需要来选择适当的书阅读。果然没多久，效果出来了，他觉得自己简直如虎添翼，新掌握的知识在不断地拓宽着自己的视野。

除了读书，还有一件事爱迪生始终从未忘记、从未间断，那就是他的化学实验。结束一天的工作后，爱迪生通常都累得筋疲力尽，可一回到家中的实验室，他就忘记了身心疲劳，埋头做起刚刚掌握的实验来。

可是，爱迪生每天回家都很晚了，做实验的时间很有限，他总觉得时间不够用。如果能把实验器材等每天都带在身边，随时随地地做实验，那该多好啊！

当时美国的铁路已经很发达了，但火车仍是旧式的，也就是由储藏室、抽烟室和载客室三节车厢组成。其中的储藏室又分为三个房间，分别是放货物和行李的、放邮件的以及一间休息室。这间休息室由于空气不流通，几乎没有人去那里休息。

于是，爱迪生就打起了这间休息室的主意。

说干就干，爱迪生鼓起勇气向列车长说了这个请求，没想到列车长很痛快地就答应了，只是叮嘱他小心使用，不要损坏了里面的东西。

爱迪生高兴极了，第二天就把他的实验器材和各种药剂等搬上了火车。最初只有一点点药品，后来他把卖报攒的钱都用在购买实验器材上，器材也日渐增多，空闲的休息室慢慢也变成了一间完整的车厢实验室了。

（二）

1860年，主张废除奴隶制的林肯当选为美国第16届总统。1861年，美国围绕解决黑奴问题爆发了南北战争。这场内战，引起了美国民众的高度关注。

这时，报纸成为人们获悉前方战事、了解亲人状况的唯一途径。每天刊载战争消息的报纸都被一抢而空。面对这种情况，爱迪生想，如果他能预先得知这类消息，再进行一番宣传，那么一定能吸引更多的人前来买报纸。

于是，爱迪生就找到了《底特律自由报》的排版工人，与他们约定，在报纸付印前让他先看一遍清样。这样，爱迪生就提前知道了第二天报纸的内容，据此来判断能卖出多少份报纸，然后再决定买进报纸的数量。

这年4月初的一个下午，爱迪生在底特律车站里看到一群人正在看布告板上的新闻。他在读到一条新闻后，了解到许多人在夏伊洛战役中死亡，心想："这可是一条大新闻！"

爱迪生马上跑到车站的电信室，对电信员说：

"拜托您，请您马上拍电报给各站，要他们在车站的布告板上张贴夏伊洛激战的消息！"

但由于不是站长的命令，电信员有点儿犹豫。爱迪生急切地说：

"快拍吧，这样的消息，凡是有家人在战场上的一定都会关心，应该争取早一点告诉大家。如果你拍了，以后我每天免费送一份报纸给您。"

电信员听说每天有免费的报纸看，马上拍发了电报。

随即，爱迪生又跑到《底特律》自由报社，对批发报纸的工人说：

"今天请多给我1000份报纸，但现在我只有300份的钱，明天我再付给您！"

果然不出爱迪生所料，第二天，沿途各站的人们都以高出平时好多倍的价格将爱迪生买进的1000份报纸一抢而空。在当时，没有什么比阅读在夏伊洛战争牺牲或受伤者的名单更重要的了，也许名单上的死者或伤者当中就有他们的亲人。

就这样，爱迪生一下子赚了一大笔钱。事后，爱迪生是这样来叙述当时的这件事的：

"一个孩子帮助我把报纸放进列车里。头一站是一个名叫乌莱卡的小站，以往这里只能卖两三份报纸。我看到一大群人聚集在站台上，以为是什么参观团呢。火车停下后，我还没来得及走出车厢，他们就把我从四面八方团团围住，我在这里卖了35份报纸。从底特律到休伦港，几乎每个站都是这样的情况。……在火车到达休伦港停下来后，我刚走出来，就有一大群人朝我走来，我大声喊道：'报纸一份25美分，没有很多了，已经不够大家买了。'我把报纸一下子就卖完了。这一天的收入可观，我觉得那是'一大笔钱'！"

当天晚上，爱迪生给母亲南希的不是以往的1美元，而是100美元！

这次成功给爱迪生留下了深刻的印象，他说：

"由此，你们能够了解我当时为什么会将电报的发明看成是最好的发明了吧？因为正是各个车站站长在广告牌上写了电文，才有如此巨大的成功。于是，我当时毫不犹豫地决定自己要努力成为一名电报员。"

（三）

每天看着人们买报纸、看报纸，因为报纸上的内容而喜怒哀乐，爱迪生越来越深切地体会到报纸在人们生活中所起的作用。于是，他心里冒出了一个大胆的想法，就是自己来办一份报纸。他觉得自己每天在铁路上跑，能了解乘客们的需要，一定能办出一份受他们欢迎的报纸。而且，现在卖报的钱已经不能满足他添置实验器材的需要了，因此必须多赚点儿钱才行。如果自己发行报纸的话，一定可以赚更多的钱。

但发行报纸可不是件容易的事，不仅需要印刷机，还要有新闻记者。印刷机的价钱昂贵，爱迪生根本买不起；而且撰稿的还必须是行家，才能写出好的新闻报道，爱迪生更没钱高价聘请这些行家。

好运气很快就来了。一天，爱迪生偶然间在底特律的一家名叫路易斯的商店里看见一架小型的印刷机正在出售。这本来是菜馆里印刷菜单用的，后来菜馆停业了，便抵给了这家商店。

爱迪生仔细地打量着这个小印刷机，越看越觉得这简直就是上天专门为他准备的礼物。爱迪生找到了店主，恳请对方以更便宜的价格把印刷机卖给他。

店主见爱迪生不像开玩笑的样子，而且又是一副志在必得的样子，就与他成交了。

印刷机有了，铅字也不成问题，爱迪生很容易地就从那些排字工人朋友那里讨来了足够多的铅字。接下来，就是具体的事情了。

报纸首先得有一个很好的名字。爱迪生想，既然这份报纸是专门办给火车上的乘客阅读的，那就一定要取一个与铁路有点联系的名字才行。经过一番思考，他将报纸定名为《格拉德特伦克先驱报》，简称为《先驱报》。这个名字听上去带着一股不断进取、争当先锋的意思。

接下来，就是要有专门的记者、编辑以及发行人员了，可他没钱雇佣，就开始自己研究起来。

在这之前，爱迪生从来没正经写过文章，可他一点也不担心。他找来一些报纸，逐篇阅读，认真分析，加上平时每天都在接触报纸，可说是耳濡目染，所以不久后他就掌握了写作的技巧，能写出像样的新闻报道来了。

就这样，从采编新闻、写稿、排版、印刷到发行，爱迪生全都包揽下来，忙得团团转。但爱迪生一点也不觉得辛苦，反倒有一种成就感。

以一个人的精力，出日报是绝对完不成的，于是爱迪生就准备一周出版一次，把《先驱报》办成周报。

关于报纸的内容，爱迪生觉得，论新闻的迅速及时、内容的全面生动，自己的报纸无论如何也无法与正规的报纸相比，因此他必须另辟蹊径才行。

他选择的新闻都是与铁路有关的，比如铁路沿线各地的蔬菜价格、铁路上的趣闻逸事等，事无巨细，只要他觉得有意思的，就都采编到报纸上。这份报纸当然是很简陋又很原始的，版面也比其他报纸都小，但内容却很丰富，而且事情都是发生在人们身边的，很多新闻人物大家也都熟悉，读起来特别有亲切感，因此一发行就颇受读者的欢迎。

另外，在报纸的栏目设置上，爱迪生还别出心裁地设计了一个名为"出生"的版块，专门收集铁路沿途发生的一些关于新生儿的消息。有一次，他刊登了这样几行文字：

> 某日，在底特律车站休息室，A·利特尔的妻子生下一个女孩，这是第二十二个在车站出生的孩子。

看到这则小消息后，很多在底特律候车的乘客都禁不住向站里的工作人员打听这件事，一时间车站里热闹非凡。

同时，爱迪生还将各地的主要消息都收集起来，摘要刊登，有关于战事的简讯也是每期必有；附近各商场的物价，末尾的商业广告栏也是受欢迎的内容。爱迪生以每份报纸8美分的价格出售，很快报纸的发行量每天就达到了400多份。

虽然办报很忙，但这位年仅15岁的小出版商并没有让他的报纸占去他全部的闲暇时间。在列车回到休伦港之前，他依然要抽出时间在颠簸的列车中潜心做他的实验，坚定如一地朝着他的目标前进。

汽车大王亨利·福特对爱迪生曾做过这样的评价：

"我不是说青年的爱迪生能破天荒地在火车里印刷报纸，也不是说他能在这样幼年时期办成第一流的报纸，却是说他具有一种不可遏止的意志去成为科学家，并能运用他的天才向各方面进展，使自己能够赚钱去实现他真正的工作。

"当时，我还不知道他真正的工作是什么，但他已经知道一定要先把物质的性质弄清楚，才能够利用物质。他不只是一个聪明而能赚钱的孩子，他去赚钱不过是想达到自己的目的。他的金钱除了维持简单的生活之外，其余都用来买书和化学用品。"

爱迪生的健忘是出了名的。有一天，他和新婚妻子坐火车到旧金山。下车时，他习惯性地清点自己的随身物品，然后走到出站口。检票员很熟悉他，向他打招呼："爱迪生先生，有没有把什么东西忘在车上？""没有。""再想想，你这个人老是丢三落四的。"爱迪生突然一拍脑门；"不好，把夫人丢在车上了。"

第四章　命运的转折

　　失败是我所需要的，它和成功对我一样有价值。只有在我知道一切做不好的方法以后，我才知道做好一件工作的方法是什么。

——爱迪生

（一）

　　在火车上建立了流动实验室，每天还得忙着出版报纸，爱迪生忙得不亦乐乎，似乎一切都在按照他的心愿进行着。

　　然而，不幸的事情却突然降临了。

　　这天，火车在开到距离休伦港约10千米的地方时，因为铁轨铺得不太完善，车身忽然震动了一下，"砰"的一声，一样东西掉在了地上。正埋头做实验的爱迪生回头一看，原来是放黄磷的瓶子从柜子里掉了出来，瓶子摔得粉碎，黄磷因摩擦起了火，将车厢地板都烧着了！

　　爱迪生大吃一惊，慌忙把自己的衣服脱下来，想扑灭迅速燃烧起来的火焰。可是火势不但没有减少，连他的衣服也被烧着了。

　　就在这时，一位乘务员推门进来了。这位乘务员以往对爱迪生不错，可看到此景，却勃然大怒，他迅速跑过来将火扑灭，避免了一场火灾的发生，然后他直起身，狠狠地打了爱迪生一巴掌，并大骂道：

"都是因为你，才弄成这个样子！你马上给我滚！火车里再也不能留你这些危险的东西了，一刻也不许再留！"

结果在火车抵达蒙特—克里克车站后，爱迪生就被赶了下去。他辛辛苦苦收集起来的所有实验用品也都被统统抛出了车厢。就这样，他曾经最引以为豪的列车流动实验室被毁得一塌糊涂。

这是爱迪生一生中遭受的最大的一次打击。这次意外事故，不但使他失去了所有的实验用品，还使他丧失了听力。由于列车员的那一巴掌打得太重，当时爱迪生就听不到任何声音了。

晚上回到家后，南希注意到了爱迪生的反应有些异常，就追问儿子发生了什么事。爱迪生把事情的经过描述了一遍，南希立刻有了一种不祥的预感。她马上找来医生给爱迪生检查。果然，医生遗憾地告诉她，爱迪生小时候患上的猩红热已经给他的听力留下了隐患，而这一次意外，让他的耳膜受到严重损害，已经无法医治了。

其实，关于爱迪生耳聋的说法不止这一个版本。根据有关资料记载，爱迪生的耳朵如上所述，是因为火车上的实验室起火而被打聋的，爱迪生本人一度也曾默认了这种说法。

还有一种说法，是说他在做化学实验时，瓶子中的磷不慎倒在地上引起大火，他受惊逃出，但不幸被烧坏了耳朵。

晚年时期，爱迪生又给出另外一种描述，就是少年卖报时，有一次因为买报纸的人太多，他没有赶上火车。等他跑到站台，火车已经开动，他追上列车抓住了车后的扶梯，但没办法爬上去，差点被甩下来。这时一个列车员跑过来，匆忙地抓住了爱迪生的双耳往上拉他。

就在那时，爱迪生感觉耳朵里出现了破裂的声音。从那以后，他的耳朵就聋了。

不管哪种说法属实，爱迪生在他漫长的一生中饱受耳聋之苦的事实是无可否认的。但他自己对这件事倒也乐观，甚至觉得这是件有益的事，因为这能帮助他更加集中精神进行科学实验。他曾说：

"耳聋，从某种意义上来说，对我是有利的。在电报局工作时，我只能听到我的工作台上的电报机，别的电报机不能像干扰别人那样干扰到我……走在百老汇的人群中，我可以像幽居森林深处的人那样宁静。耳聋从来就是，而且现在也是我的福气，它使我失去了许多干扰和精神痛苦。我听人说：'爱迪生没有神经。'我的神经不比任何人少，而且同样灵敏，但却不受外界的干扰。"

（二）

在火车上闯了祸，爱迪生只好收拾着自己的实验及办报器材等回到家中。他慈爱的母亲不但宽容地接纳了他，而且再一次给予他重新振作的力量。

母亲南希为了支持爱迪生的实验，在家里为他重新开辟了一个实验场所。为了防止意外再次发生，新实验室设在顶楼上，地窖里只堆放一些器材和杂物。在这个新实验室里，爱迪生开始进行电学实验。其中的第一个实验，就是"电报游戏"。

在距离爱迪生家不远的树林里，住着一个名叫华德的铁路工人，他的继子詹姆士·狄克非常听爱迪生的话，而且对电报术也十分感兴趣。爱迪生以前就喜欢电报机，尤其是和狄克一起参观了电信局之后，对电报的兴趣更加浓厚了。

"狄克，我们两个人来做电报机互相通信吧。"

就这样，两个人约好了。此后不论是清晨还是半夜，只要一有空闲，爱迪生就与狄克翻阅有关电信的书籍，热心地研究起机器的制造来。

那时，电信业才刚刚开始，商店里根本没有电报材料可卖，所以要找一个隔电瓷、一根电线都不是一件容易的事。他们绞尽脑汁，终于想出用空瓶子代替绝缘器的方法。不过，最伤脑筋的就是电流。

后来，两个少年想到用摩擦猫毛的方法来产生电流，可在摩擦时，猫感到不舒服，在爱迪生的手上抓了一把后就逃跑了。

经过这样可笑的失败之后，他们终于从狄克家的屋顶到爱迪生家的树尖上装好了一根电线。

一天晚上，两个人开始试验通报了。狄克在电线那头发报，爱迪生在电线这头收报。长短不一的嗒嗒声，在深夜人静时分显得格外清脆悦耳。电报机开始工作了！

两个少年都为这个小成功而兴高采烈，但唯一不满的是爱迪生的父亲，因为他觉得儿子每天玩得太晚了，这对他的身体不好，所以规定他在晚上11点必须睡觉。

这一限制给年轻的爱迪生带来了麻烦。他的报纸通常都要在11点才能卖完。如果11点钟就睡觉，他就没机会做实验了。于是，爱迪生又想出一个计谋。

平时，爱迪生晚上回家后，父亲总是要看他带回来的《底特律自由报》。这时爱迪生想，为什么不能把这些新闻像底特律报馆那样，经过电报线传到屋里呢？狄克能发，爱迪生能收，那么在11点时必须睡觉的限制就可以取消了。

计策进行得很成功。爱迪生将报纸送到华德那里，马上赶回家来，告诉父亲说报纸全部卖完了，不过他可以从电线上将新闻探来。

于是，爱迪生走到电报机旁，嘀嘀嗒嗒地搞了一会儿，电报机开始响了。因为他提前已经和狄克说好了，所以对方回电也比往常要快。

"爸爸，狄克说要将重要的新闻用电报发过来。噢！是南北战争的消息，格兰特将军……"

"格兰特将军怎么了？"父亲关切地问。

爱迪生根据嘀嘀嘀的电报声将新闻一一告诉父亲：战场的消息，议会的新闻以及加州发现新油田等等。父子俩借机实验到晚上一两点。

"啊，这真方便！"塞穆尔大感惊叹。

第二天夜里，爱迪生与狄克又继续发报；第三天夜里也是如此。就这样，父亲塞穆尔妥协了。他告诉爱迪生，只要他能照常将报纸带回家，他就不干涉爱迪生的工作时间了。以后，报纸马上就在家里出现了，而爱迪生与狄克的"电报游戏"也可以继续进行了。

（三）

在研究电报的同时，爱迪生还在继续出版他的报纸。在这之前，《先驱报》已经传到了国外。那是因为有一次，一位名叫乔治·斯蒂芬的英国工程师搭乘了爱迪生卖报的那班火车，感觉这份小报不错。这位工程师说：

"少年人能发行这样的报纸，真不简单，我想买1000份带回去。"

一次就被人订了1000份，这可是头一次。爱迪生很高兴，他马上把其他事情都放下，赶印出1000份报纸卖给那位工程师。这位工程师带着爱迪生的《先驱报》回到英国后，在世界第一流的《伦敦泰晤士报》上大肆赞扬爱迪生，并将这份小报称为是第一种在火车上出版的报纸。

然而，就在报纸颇有名气且很畅销时，爱迪生突然决定不办了。这是因为，当时爱迪生曾与一个他熟悉的同龄人商量如何增加报纸的发行量，那个人认为，报纸上应多刊载一些读者喜欢的杂谈、趣闻以及各种各样的市内消息，人们都喜欢知道他人的秘密，如果有些这样的内容，大家都觉得有趣，也就会都来买报纸。

爱迪生决定和那个人合伙办报，将《先驱报》也改名为《秘闻报》。报纸的发行量的确是大大增加了，但那些认为报纸刊登了自己秘密的人却大为恼火。

一天晚上，爱迪生从车站卖完报纸回家，正走在寂静无人的圣克莱尔河边时，一个高大魁梧的家伙跟了上来。原来他的故事被登在了《秘闻报》上。爱迪生拒绝说出作者的名字，壮汉狠狠地揍了爱迪生一顿，还把他扔到了河里。

不久，爱迪生就放弃了出版工作。毫无疑问，爱迪生是当时最年轻的出版者，如果不是因为他被科技所吸引，也许他会终生热爱新闻事业，成为一个杰出的出版家。

爱迪生15岁那年，发生了一件事，由此，他的生活也发生了很大的变化。

那是在1862年8月的一个早晨，爱迪生在铁路上卖报纸，忽然发现一个小男孩正站在铁轨中间玩石头。此刻，他的后面正好有一节货车向他驶来，可孩子却完全不知道自己处于危险之中。

爱迪生见状，急忙把报纸扔到月台上，奋不顾身地冲上去把孩子救了出来，但两个人都头朝下地摔倒在尖锐的碎石上，碎石末都嵌进肉里了。

爱迪生救起的这个孩子名叫吉米，他的父亲名叫麦肯齐，是克里门斯山火车站的站长。为了表达自己的感激之情，麦肯齐邀请爱迪生到他家里做客。

不久后，麦肯齐发现，爱迪生在卖报之余还常常到火车站的发报室去研究仪器。因此，麦肯齐认为爱迪生可能是想学习电信技术，将来做个通讯员。因此，他对爱迪生说：

"爱迪生，你救了我的孩子，我必须好好报答你才行。我看你似乎对电信方面的机器很感兴趣，所以我想教你学习电信技术。当然，这是免费的。"

爱迪生一听，简直太高兴了！无疑，这是比给他多少金钱都宝贵的酬谢。

就这样，爱迪生每天一面在车站里卖报，一面在发报室做见习报务员。爱迪生对电报并不生疏，所以麦肯齐老师给他讲的内容他很快就能掌握；而麦肯齐对爱迪生这个学生的勤奋和惊人的理解力也称赞不已。

很快，爱迪生就学会了各种电信技术，也能熟练地操作各种机器了。4个月后，爱迪生成为车站里的正式报务员。

爱迪生小时候，一次吃饭时，家人不见爱迪生回来，都很焦急，四下寻找，直到傍晚才在场院边的草棚里发现了他。父亲见他一动不动地趴在放了好些鸡蛋的草堆里，就非常奇怪地问："你这是干什么？"爱迪生不慌不忙地回答："我在孵小鸡呀！"原来，他看到母鸡会孵小鸡，觉得很奇怪，总想自己也试一试。父亲听了他的话，又好气又好笑地将他拉起来，告诉他，人是孵不出小鸡来的。爱迪生迷惑不解地问："为什么母鸡能孵小鸡，我就不能呢？"

第五章　四处流浪的电报员

我不以为我是天才，只是竭尽全力去做而已。

——爱迪生

（一）

爱迪生在掌握了电报技术后，便正式到休伦港电报房上班了。学到的技术第一次得到应用，爱迪生的工作积极性很高。他每天忙完自己的事后，就偷偷地观察有经验的老报务员是怎样接收从通讯社发来的电文的，然后自己再勤加练习，因为接收这类通讯稿必须要求一字不差，难度比接收普通的电文大得多。这样潜心学习没多久，爱迪生就能很得心应手地工作了。

爱迪生不是个循规蹈矩的人，喜欢凭借个人的喜好工作。当发现工作中再没什么能激发起他探索的兴趣时，他就不满足于日常的工作了，空闲时又开始捣鼓起各种电讯设备来。

休伦港的电报房设在托马斯·沃克的珠宝店旁边，珠宝店里摆放着为顾客免费提供翻阅的过期杂志。爱迪生一有空就过去溜达，结果欣喜地发现其中竟然有《科学美国》，这让他像捡了个便宜一样高兴。

以后只要一有空，他就躲在这里翻阅杂志，然后偷偷地找时间操作实践杂志上刊载的实验，有时因为沉迷其中而耽误了发电报的时间，上司还会批评他。

没多久，爱迪生就厌倦了电报局的工作，私下里请麦肯齐帮他换个地方。就在麦肯齐帮爱迪生留意去处时，珠宝店老板沃克因急于参军而准备找个顶替他的人来经营珠宝店。

爱迪生聪明伶俐，又是麦肯齐的徒弟，当然就是最合适的人选了。就这样，爱迪生接替了沃克的工作，负责这个店铺的经营。

爱迪生在这里自己开办了一个电信局，从这里到休伦港之间架设了大约1.5千米的电线，负责为附近的人发电报，电报信号也十分清楚。但是，这里的生意并不好，不久就歇业了。

1863年，麦肯齐为爱迪生在斯特拉福德枢纽站找到了一份工作。那里距离休伦港100多千米，工作任务也是电报员。如果要去那里工作，爱迪生就必须离开家乡，独自一人在外生活。

得到这个消息后，南希无论如何也舍不得让16岁的儿子离开家。但爱迪生却对外面的世界充满了向往与憧憬。他说服母亲，满怀信心地只身一人去了斯特拉福德。

来到新的工作岗位后，爱迪生主动要求值夜班。这在常人看来是有些不可思议的事，因为上夜班就意味着作息时间晨昏颠倒，一般人都不乐意吃这份苦。但爱迪生自有打算，他想把白天的时间省下来继续从事科学实验，而晚上的工作，他自认为应付起来很容易。

当时的铁路局规定，值夜班是不能睡觉的，而且每隔一小时就要发出一次电报信号，以证明值班员没有睡觉。

爱迪生觉得这个规定太死板了，因为他白天要忙于读书和实验，如果整个晚上都要定时发信号，就根本没时间休息了。所以他决定想个办法将自己从这个束缚中解脱出来。

经过两周的实验研究，一种小型的设备就发明出来了：爱迪生将一个带有缺口的轮和钟表连接在一起，在缺口轮上安上一根小棒。钟表在走动时，缺口轮也跟着转，每隔一个小时，它们之间的电路自动接通，小棒就从缺口上落下来，叩在发报机的按键上，发出固定的电报信号。这种自动发出的信号准确无误，连一秒钟都不会差。

总局管电信的莫斯先生十分佩服爱迪生能够严守时间，按时发送电报信号，却不知道真正的电报员爱迪生早就离开岗位，去捣鼓自己的实验或者在一边睡大觉了。

然而，这个小发明却也给爱迪生惹来了麻烦。

一天晚上，爱迪生的信号按时发出，但没多久，莫斯先生就因为急事而发出呼叫，可爱迪生这边却毫无反应。莫斯先生担心发生意外，马上赶到斯特拉福特枢纽站，结果可想而知，他看到的是睡得正香的电报员爱迪生。

就这样，这位天才被斯特拉福特枢纽站给赶了出来。

（二）

在19世纪中叶，电报业取得了突飞猛进的发展。随着铁轨向全国各地的延伸，电报业所覆盖的范围也越来越大，对人们的生活影响也越来越广泛深入。不管是铁路运输、新闻报道还是金融交易，电报都是必不可少的工具。

由于电报员是个必须经过专业培训才能上岗的行业，而电报业的发展速度又大大超出了电报员的增长速度，因此电报员也成为一个紧俏的职业，几乎是供不应求。尤其是1864年南北战争爆发后，大批熟练的电报员都应征入伍，使电报员变得更加抢手了，各个地方几乎都是虚位以待。

在这样的情形下，爱迪生是不愁找不到工作的。因此在此后的4年当中，他经常换工作，密歇根州的艾德里安、印第安纳州的印第安纳波利斯、俄亥俄州的托莱多、田纳西州的孟菲斯、肯塔基州的路易斯维尔、路易斯安纳州的新奥尔良……到处都留下了他的足迹。

既然电报员这么抢手，安徒生为什么还要频繁地换工作呢？因为无论在什么地方，安徒生都热衷于化学和电的实验，只要有空，他就看书、做实验，这样雇主们当然是不太情愿的；再加上实验研究永远在他心中占据最重要的位置，这也让他是时不时闯出点儿祸，所以每份工作都做不久，不是被炒鱿鱼，就是他炒了老板的鱿鱼。

1864年初，爱迪生在距离底特律西南97千米的艾特利找到了一份工作，月薪是75美元。后来，他被派往离镇1.6千米处的伦纳威岔道去。到那里后，他向一个报务员租了一间房子，布置了一个小工厂。不久，他又被派在夜间值班。结果由于不能很好地服从命令，不久他又被辞退了。

此后，他又在印第安纳的韦恩堡当白班的电信技师。但3个月后，他又失业了，据说是因为经理要将他的职位让给自己的友人。

1864年冬天，天气特别寒冷，湖面冰封。隔湖相望的休伦港和加拿大萨尼亚两个城市之间的交通中断了。铺设在湖底的连接两个城市的电报电缆又被流冰冲断，两座城市之间的联系完全中断。

人们想了很多办法都不行，这时爱迪生提议，如果他有一辆火车头和一个司机，他就可以与对岸通讯。铁路局见无计可施，只好同意了爱迪生的建议。

爱迪生爬上了靠近湖边的一辆休伦港路段的机车，拉响了汽笛，用笛声发送莫尔斯电码。对岸的人听到这奇特的声音后，全都集中在岸边倾听。终于，一位加拿大电报员接到了爱迪生的声音，马上跳上边上的火车，也发送笛声回答。就这样，两座城市之间的联系恢复了。

爱迪生用火车笛声发送电报的事情被大干线铁路公司的总经理得知了，他雇用爱迪生担任电报员工作，月薪是25美元。

爱迪生不能像电报员的职业需要的那样井井有条地安排工作，他也拒绝别人要他做的事。当他认为自己收发的电报比其他的电报重要时，就会占线收发自己的电报。同时，他还利用一切机会学习新知识，进行各种实验尝试。当对一本书或发明产生兴趣时，他就会让待发送的电报等待几个小时。因此，他与上司和同事之间的关系处得也不太融洽，工作不久就又离开了。

（三）

19岁时，爱迪生再一次调换了岗位，到辛辛那提一个很小的、气味也不太好的实验室工作。在这几年的锻炼中，爱迪生的发报速度已经相当快了，甚至连那些收电专家们都感到招架不住。他们常常不得不打断爱迪生的电文，叫他再重复一遍。

在这个实验室，爱迪生开始不断尝试能否同时发送两份电报。爱迪生在辛辛那提结识了收发电报员亚当斯。共同的爱好让他们很快就成了朋友。不过没多久，爱迪生就又换工作了，亚当斯也离开了辛辛那提，去了波士顿。

后来，爱迪生又去了孟菲斯，月薪达到了125美元。在这里，他帮总报务长修好了断线，接通了纽约与新奥尔良之间的联系，还制造出了一种临时发明的自动转发机装置。这一装置可以将一个电报接收机收下的电文输入一条不同线路的发射机。新闻报道为此还大力地宣传了这件事。

但爱迪生的上司认为爱迪生的智力已经超过了自己，于是，爱迪生又被辞退了。

在孟菲斯时，爱迪生的收入全部用来购买实验用品了，结果被辞退后他身无分文。当离开孟菲斯到达路易斯维尔时，他又赶上了一场暴风雪。爱迪生后来回忆说，他永远都不会忘记人们是如何奇怪地看着他这个人：只穿着一件单薄的白色外套，戴着一顶白色的夏天戴的帽子。

他在这里逗留了两年，然后又去了底特律，接着又回到路易斯维尔。在这期间，爱迪生还是四处寻找工作。

那时，电报线路的架设技术还没什么改进，绝缘设备也很差，发电报时有很大的噪音，因此报务员在收报时经常需要猜测电文中的内容。

为了进一步提高自己作为新闻报务员的技术，爱迪生找到一家报馆，要求酬劳以报纸交换，然后每天夹着一大捆报纸回家详细阅读。因此，当时的许多国际大事，如俄国出让阿拉斯加、法军撤离芝加哥以及美国的黑奴解放运动等，他都十分了解。

这样，在接收冗长的新闻电报时，爱迪生就能准确无误地译出电文了。

"他的手指跳跃在电报键上，送字如此迅速，键好像在唱歌一样。"当时的同事这样描述爱迪生。

在这里，爱迪生还结识了几个新朋友，他们也都是经营报业的人。他经常与朋友们一起讨论科学发明。后来爱迪生说，就是在路易斯维尔他发明了那种独特的纵行书写方式。那是一种字体小但很清晰的竖写字体字母，字母之间不相连，而且不具有任何花饰。爱迪生能在一分钟内清楚地写出55个词，这要比一般报务员拍报速度快得多。

期间，爱迪生还去过底特律，但不久又回到了路易斯维尔。可随后不久他又被解雇了，这一次是因为他在工作上捅出了大娄子。

当时，美国弗吉尼亚州正在进行联邦参议员的选举。竞选的焦点人物是约翰·M·波茨。有一天，有消息传来说波茨能够在次日当选。第二天，爱迪生就接到了里士满发来的电报。但当他刚收到"约翰·M·波茨"这几个字后，线路就意外地中断了。

这该怎么办？各家媒体都在等着电文内容向公众宣布呢！

爱迪生急中生智，干脆自作主张地编造了一份电文，称约翰·M·波茨已经成功当选。消息很快就登上了报纸的头条，可随后大家得知，约翰·M·波茨还未能当选，各家报纸不得不补充更正声明。

这时期的爱迪生年轻气盛，对新鲜事物充满了探索的兴趣，经常凭一时冲动做事。有一天，他在报纸上看到巴西政府正在大量招募报务员，就兴冲冲地约了两个同伴准备乘船远渡南美。

可当他们到了奥尔良的港口后发现，班船临时被政府征用运送士兵了，他们只好在码头等候下一班船。这时，一个刚从南美返回的货船船长看到他们，得知他们的打算后，就劝说他们，南美并不像他们想象得那样充满机会，还是留着美国更有前途。

39

　　爱迪生觉得船长说得有道理，便放弃了出国的计划。而另外两个同伴却一意孤行，去了南美。

　　不久，爱迪生就听说那两个同伴刚刚抵达南美，就患热病死去了。这件事让爱迪生大为感慨，第一次对人生的无常产生了切实的感受，也对正确地选择人生方向有了更深刻的认识。

　　接下来几年当中，爱迪生的兴趣也日渐广泛，在研究发报技术之外，他还学习了西班牙语、法语等，并阅读了《美国独立宣言》的作者，美国总统托马斯·杰斐逊的传记。至今保存着的乔治·塔克所著的《托马斯·杰斐逊生平》一书的扉页上，还有爱迪生的亲笔签字：

　　托马斯·阿尔列·爱迪生，报务员，孟菲斯，田纳西，1866年3月11日

　　爱迪生还是法国著名作家维克多·雨果的崇拜者。儒勒·凡尔纳的科幻小说《气球上的五星期》、《哈特拉斯船长历险记》等，也很吸引他。

　　他还喜欢戏剧，一有时间就跑到戏院去看戏，非常崇拜莎士比亚。他说：

　　"这个人有了不起的思想，如果他把自己的智慧向发明方向倾斜，一定能够成为惊人的发明家。"

　　当然，他的主要兴趣仍然是实验和技术。

第六章　职业发明家的诞生

> 每一个人都会开列出一张长长的清单，要求他的朋友应具
> 备哪些美德与良好品格，但却很少有人愿照着自己的清单去培
> 养自己的品德。
>
> ——爱迪生

（一）

1867年秋，在离开家乡4年后，爱迪生返回家乡休伦港看望父母。可这次回家很不幸，因为地方当局借口军用，强迫爱迪生一家迁离瓦尔华斯住宅。父亲塞穆尔和母亲南希只好连夜将各种杂物搬到一个友人家中，并暂时留居下来，另外又在郊外建筑新的住所。

失去舒适的旧住所和地方当局的粗暴态度，让母亲南希的精神受到了很大刺激，即使久别的小儿子回来，也丝毫没有让她振作起来。

爱迪生在家住了几个月，看到休伦港的情况不如往昔，便决定继续外出找事情做。他写信给波士顿的亚当斯，托他帮忙谋求一个职业。亚当斯便将爱迪生的信交给了西方联合电报公司的经理米利肯。

米利肯看到爱迪生印刷体一般的书法，赞赏地说：

"他平时抄写电报时也能写得这样整齐吗？如果能的话，那就叫他

来，我现在就准备雇用他。"

1868年3月，爱迪生在接到亚当斯的信后，决定动身去波士顿。

一周后，爱迪生才出现在亚当斯的面前。

虽然是多年不见，但由于是老朋友，所以彼此也用不着说什么客套话。

"你怎么这么晚才来？发生了什么事情吗？"亚当斯迫不及待地问爱迪生。

"老实告诉你吧，因为我没有路费。后来我同铁路公司交涉，弄了一张乘车证才上了车。倒霉的是，途中还遇到了大风雪，列车被困了几天，所以就耽搁了。"爱迪生无奈地回答。

"既然到了波士顿，我们就赶快出发吧。"亚当斯性急地说。

"去哪里？"

"到西南联合公司，那是你将要服务的公司。"亚当斯说。

爱迪生跟着亚当斯来到米利肯经理这里，米利肯一眼就看中了爱迪生。见面还不到5分钟，米利肯就让爱迪生马上过来上班。

爱迪生真是一位天才。他在发送电报时，还是那么熟练，没有一位同事能够比他办事更敏捷、快速而准确。但是，电报局的同事们却并不喜欢他，认为他是个土包子。因为在第一天上班时，爱迪生只穿了一件破旧的帆布风衣，里面是一件领口油黑的农民穿的衬衫，皱巴巴的棉布裤，裤脚还塞在满是泥巴的皮鞋里。他的头发看上去大概很久没洗了，随便扣着一顶宽边的破帽子。

他土里土气的样子，引来同事们的一阵嘲笑。

"这个怪人，一看就是从西部来的，非得给他点颜色看看不可！"

经过一番交头接耳后，大家都一致决定要"收拾"爱迪生一下。不过，爱迪生对此却毫不在意。

当时，纽约有一个特别能干的电报员，发电报的速度非常快，波士顿电报局的这些同事们根本招架不住，于是就商定让爱迪生这个新手来接那个人的电报。

那天晚上，他们给爱迪生一支铅笔，让他掌管纽约第一号电线，收接拍给《波士顿先驱报》的电报。

后来，爱迪生是这样描述测试的：

"我等候了一个小时，纽约那边发来了电讯。当然，预谋者已经约定由纽约一个最快的发报生来发报，想把我这个外省人难倒。我当然毫无疑心地坐在桌旁等候。那个纽约人开始时拍得很慢，但不久就加快了速度，但我很容易地跟上了。这可能令那个人生气了，他开始努力地加快速度，但仍叫我追上了。

"我无意间举头一望，看到同事们都在注视着我，脸上表现出滑稽和兴奋的神气。我这时才知道，他们在捉弄我，但我仍然假装什么都不知道。

"纽约的'能手'开始用缩略语发报，我仍然能用全称写出来；他甚至故意把字含糊地滑过，有意混淆符号，但我也练习过这种收报方法，所以一点也不觉得困难。最后，我觉得这样的戏弄也该够了，并且冗长的电报也接近拍完，我拿过按钮，给纽约的电报员拍了一段话：'来吧，老兄，你可别睡着了！'"

爱迪生最终赢得了这场"战斗"的胜利，而且还获得了"最佳报务员"的称号，同事们再也不敢轻视他了。

不过，在这里他依然无视上司。有一次，爱迪生写了1500字的电文。由于间距太密，上司让他重新抄一遍再送交报社排字间。他受到斥责后，就改为写大字，每张纸上只抄写一个字母。结果，爱迪生被调离了抄写通讯稿的岗位，只是由于他能力出众，才最终免于被解雇。

（二）

波士顿是美国大西洋海岸麻省州的中心城市，拥有笔直的街道、奇特的建筑及浓厚的学术氛围。著名的哈佛大学和麻省理工学院就坐落在这座古老的港口城市的郊外。尤其是在波士顿的公立图书馆里有着极其丰富的藏书。

爱迪生青年时代最愉快的一段生活，就是在波士顿度过的。可以说，波士顿也是爱迪生踏上发明家征途的起点。

像以往一样，爱迪生在西南联合公司上班时也是上夜班，这样他白天就能在自己租住的小屋里学习研究或者做实验。

电报局的办公场所过去是一个饭馆，饭馆为电报局留下了一大群蟑螂。深夜，夜班职员吃夜宵时，墙上、地上都满是蟑螂。

为了消灭这些恼人的不速之客，爱迪生在桌子前面的墙上钉了两块金属板，把电池的两极分别接在两块板上，这样在墙上乱爬的蟑螂一接触到两块金属板上，就会发生短路现象。于是，这些不速之客也就"化作一缕青烟"了。

有个记者看到这一发明后，在当地的报纸上发表了这个消息。但电信局夜班负责人担心此事被宣扬出去，因此禁止对蟑螂施行电刑。

一天，爱迪生在书店里买了一本《法拉第电学研究》。迈克尔·法拉第（1791—1867）是英国著名物理学家，电磁学说的创始人，被称为"电学之父"。与爱迪生一样，他几乎没上过学，但却有着顽强的自学精神，最终创建了磁力线和磁力场概念，而他的最大发明，则是现代电学的科学基础。

法拉第的这本《法拉第电学研究》内容浅显易懂，没有高深的数学推导，关于电的知识比爱迪生读过的其他书籍都翔实。他清晰而又准确地叙述了自己的思想和观点，让爱迪生十分佩服。爱迪生喜欢这位天才的科学家、电子奠基人的著作，为买到这本书而骄傲，并开始仔细研读。后来他曾说：

"一生中对我帮助最大的书，就是《法拉第电学研究》了。"

《法拉第电学研究》成了爱迪生最要好的朋友，他随时都将它带在身边，常常一觉醒来想到什么问题，就立即翻开书看看。为了验证书中的内容，爱迪生每看完一章，就立刻动手做实验，从而获得了更加丰富的电学知识。这为他后来很多电工方面的创作和发明打下了牢固的基础。

18世纪80年代到19世纪最初的几十年，是资本主义生产中的工业改革时代。在这一时期，机器代替了手工业劳动，资本主义工厂代替了资本主义手工工场。

随着蒸汽机的出现，第二次技术革命爆发了，蒸汽机也成为19世纪工业发展的动力基础。资本主义生产的大规模集中化成了19世纪工业发展的动力基础。资本主义生产的大规模集中化，也要求新的通讯工具随之出现，而新出现的大城市也要求新的照明方法和新的交通工具。

在19世纪与20世纪交接的时期，工业生产的动力和工艺方面也越来越广泛地采用电力，产生了第三次技术革命。爱迪生有幸生活在这个时代，并成为这次技术革命的重要英雄人物之一。

不过，在19世纪上半叶时，电工技术还是占统治地位的机械技术与蒸汽技术的补充。电工技术的初级阶段是电报，在这之前，电化学和电镀电铸术是电能的来源，但远距离传输电能首先还是通过电报线来实现。

1820年，法国电动力学的奠基人安培建议用电流传递信息。此后，俄罗斯科学家西林格制成了第一台适于操作、只用一条电线拍发信号的电报机。1837年，美国人莫尔斯又发明了可以打印的电报机。1855年，英国的休斯发明了可以打出字母的电报机。

电报技术在莫尔斯和休斯的发明后迅速得到了发展，直到贝尔发明电话前，电报一直都是电信通讯的唯一手段。

美国在南北战争结束后，电报网及技术也得到了迅速发展。1864年，西方联合公司已经拥有了3000多个电报局，8万多条电报线。

虽然那时的电报技术还只是处于发端时期，但那些生产与修理电报设备的人们始终坚信：这种新技术应该可以继续发展、改进，并逐渐扩大使用范围。

而爱迪生的发明家生涯，也正是从这日渐兴起和广泛的电报方面开始的。

（三）

在波士顿西南联合电报公司，爱迪生继续搞他的发明研究。那时候，波士顿已经涌现出一批电学方面的工作者，其中除了报务员外，还有为学校制作仪器模型的工匠们。爱迪生经常与这些人讨论仪器问题。他最常去的地方，就是后来成为电话发明家贝尔的助手、著名工程师查尔斯·威廉斯的电工实验室。

这期间，爱迪生的脑子里又在憧憬着一个新的理想，他打算辞去报务员的工作，专心致志地研究发明。

威廉斯允许爱迪生在自己的实验室中进行各种实验。1868年，爱迪生在这里完成了他的第一个获得专利的发明：投票计数机。

爱迪生发明这种机器实属偶然。作为一名报务员，爱迪生在用新闻电报专线报道国会表决情况时注意到，登记议员们口头表决票数很浪费时间。每次投票时，都要经过繁琐的程序：需要将每位代表的名字分别呼唤一次。每呼唤一名代表，就要将对他的"赞成"或"反对"记在他的名字后面。

而有了爱迪生发明的这种计数机，每个议员只需按一下他座位前面两个电钮中的其中一个，就会发出"赞成"或"反对"的信号。而议员的表决也会立即在议长的办公桌上记录下来，并自动进行表决计数。

爱迪生相信，这一发明可以加快国会的工作，节约宝贵的时间，一定会被国会所采纳。然而发明并不等于拥有，只有申请了专利才能属于自己，因此，机器发明出来后，爱迪生便提出了投票机的专利申请。

可当他将这种机器拿到麻省的官员们面前时，官员们却并不感兴趣。而后，22岁的发明家爱迪生又将机器送到华盛顿国会特别委员会进行实地演习，并热心地介绍它的优点，可委员会的主席看到机器迅速地完成工作后感叹道：

"年轻人，如果世界上有什么发明我们根本不需要的话，恰恰说明那不是我们需要的东西。"

国会的拖拉作风，对少数在野党派来说，通常是延期通过某个不受欢迎的法案的绝好手段，而拖拉表决的战术也是这种拖拉作风的最好办法。至于多数党，他们清楚，如果有一天也能成为少数党，同样与少数党一样，不会有所改进。

爱迪生的第一个申请专利的发明就这样被否决了，这也让爱迪生悟出了一个道理：自己今后的发明方向应该集中在社会需要的课题上，而不是为少数人的需要服务。没有使用价值，再完美的发明也是个"废物"。

投票计数机虽然没有产生广泛的社会效益，但从技术上说还是成功的。报上的报道让爱迪生出了名，波士顿人都知道有这样一个发明家。波士顿女子中学还邀请他去做有关电报技术的演讲。不善言辞的爱迪生面对那么多的女学生，竟然紧张得出了一身冷汗。

投票计数机虽然能让国会议员节省很多时间，但时间对他们来说并不珍贵，爱迪生想，如果把这项发明用于时间就是金钱的地方，比如股票交易所，那结果也许就不一样了。

那时，金融活动日益活跃，证券市场的交易量激增。而交易所当时的股价指示器是用打字转轮代替指针，将股价变化打印在一张长纸条上。这种设备使用起来经常出错，股民们对此大为不满。

爱迪生根据电报的原理对自己的机器进行了改良，研制出了一种可以迅速、便利地记录交易所行情的证券报价机，其工作原理和工作性能都有了很大的改进。

发明完成后，爱迪生立即申请了专利，并决定在波士顿建立起通讯网。他在波士顿向各个办公室兜售，征得了三四十家订户后，爱迪生为他们安装了这种装置，并用电线与交易所连接起来。

这是一项很有发展前途的事业，但无奈收入太少，爱迪生便转而去发展各种行业商家都可以应用的通讯机械。他设计了一种字母盘，转动这个盘就可以拼出整个文字，同时传送到另一个房间的字盘上去，那边便可以从盘上按字母抄下来，再拼成电文。然后爱迪生又着手开设工厂，雇用几名职员，专门从事这种通讯机械的制造。

（四）

由于通讯机械的应用范围逐渐扩大，爱迪生又想到了他的电报印刷机。这个试验在波士顿没有获得成功，他想在纽约也许能成功，便动身前往纽约去发展事业。

不幸的是，他的新机器在纽约也到处碰壁。无奈之下，爱迪生再次返回波士顿，开始继续研制他的二重发报机。

自从拍发电报的距离延长、电报网扩大之后，便出现了提高线路使用率的问题，即用各种强度和方向的直流电在一条导线上多次、同时拍发电报。

爱迪生早就想发明一种可以同时在一条导线上发送两份以上电文的机器了，他将其称为二重发报机。早年在印第安纳的波利斯和孟菲斯，他都做过这方面的实验，但都因此而被上司赶出了电报局。

不过，爱迪生的想法却得到了好友亚当斯的理解和支持，他对爱迪生说：

"你的这个发明很重要，如果能够成功，等于在铁路线上铺设了双轨，一条线就变成了两条线。"

得到好友的支持后，爱迪生开始集中精力进行实验研究。他每天将自己反锁在房间中，夜以继日地实验，甚至一星期都不出门。饿了，就啃几口干面包，喝点清水充饥。

有一天，亚当斯来看望爱迪生。爱迪生打开房门后，亚当斯见满屋子乱得就像一个鸡窝一样，不过实验好像并不顺利。

"有成功的希望吗？"亚当斯关切地问爱迪生。

"暂时还没有。"爱迪生苦笑了一下说。

接着，他又执拗地说：

"如果不能成功，我就不出这间房门！"

1869年初，爱迪生申请在西方联合电报公司的线路中进行试验，但西方联合电报公司对爱迪生的试验方案并不感兴趣，拒绝了他。

爱迪生转而又向大西洋—太平洋电报公司提出申请。该公司对爱迪生的方案很感兴趣，并借给他800美元，让他完善设备的最后部分。

　　1869年4月，爱迪生兴致勃勃地带着他的机器来到了大西洋—太平洋电报公司设在罗切斯特的机房。不仅爱迪生自信满怀，就连《电报人》杂志也极为看好爱迪生和他的新发明，居然想当然地在杂志上抢先报道说，爱迪生的二重发报机"在纽约到罗切斯特644千米的一段路上进行的试验大获成功"。

　　然而，这台新设备在实验室里虽然运行良好，可在进行长途线路的测试时却彻底失败了。爱迪生无比沮丧地返回了波士顿。

　　由于已经辞掉了电报局的工作，没有生活来源，而爱迪生又一向没有储蓄的习惯，赚来的钱几乎都用来搞实验了，因此，此时的爱迪生身无分文，一无所有。

　　更加雪上加霜的是，他的证券报价机此时也出了故障，不能良好地运行。爱迪生的事业陷入了难以为继的地步。

　　借来的钱也全都花光了，他不但没钱去专利局登记他的发明，就连吃饭都成了问题，而且随时都可能有被债权人控告的危险。

　　山穷水尽的爱迪生决定另谋生路，离开波士顿，去纽约重新开辟一片新天地。

　　1869年深秋，爱迪生用借来的钱买了一张船票，悄悄地离开波士顿前往纽约。为他送行的，只有他忠诚的朋友亚当斯。

第七章　纽瓦克的辉煌

> 爱情不会因为理智而变得淡漠，也不会因为雄心壮志而丧失殆尽。它是第二生命；它渗入灵魂，温暖着每一条血管，跳动在每一次脉搏之中。

> ——爱迪生

（一）

当爱迪生从波士顿来到纽约下船后，他已经身无分文。爱迪生在回忆起自己初到纽约时的窘迫情景时说：

"1869年一个深秋的早晨，法耳河的汽船把我从波士顿载到纽约。那时，我刚满21岁。我带着我的毛毡捆成的背包，从甲板上走下来时，周身打量了一下自己，才知道我的口袋里已经没有一文钱了。我所有的钱都用作了旅费。

"我觉得自己已经很饿了。一个流浪的少年，怎么能得到一餐早饭呢？这是个很难回答的问题。我在步行中抬头一看，发现自己正经过一家制茶店。从门外一窥，老板正在门口热气腾腾的锅里分辨茶的种类。我走了进去，问他可不可以给我一小杯，他很客气——这就是我在纽约城里怎样得到第一次早餐的情形。"

爱迪生喝完茶后，觉得胃里舒服了许多，他由衷地对老板说：

"这么好喝的茶叶，我还是第一次喝到呢！"

老板听了，高兴得眉开眼笑，大方地送给爱迪生一小包样品茶。

拿着这包样品茶，爱迪生到了一家小吃店，和店老板商量以物换物。老板闻闻茶叶的味道非常地道，就爽快给了爱迪生一块苹果布丁和一杯热咖啡。爱迪生风卷残云一般将布丁吃光，把咖啡喝得一点不剩。

肚子填饱了，住处问题还没有解决。由于没有找到纽约的熟人，爱迪生只好露宿街头，用这种独特的方式度过了他初到纽约的第一夜。

第二天，爱迪生到塞穆尔·罗斯博士开办的黄金情报公司求职，在这里工作的富兰克林·波普非常欣赏爱迪生的才华。但遗憾的是，当时公司并没有合适的职位给爱迪生，波普就让爱迪生暂时先在机房里住下，慢慢等待机会，并借给他一些钱维持生活。爱迪生用机房里的几个破麻布袋做了一个简单的床铺。

爱迪生在传送黄金行情的机器旁边住了下来，仔细观察、揣摩机器的工作原理。每当职工下班后，他就四处查看，悉心研究。很快，他就掌握了机器的每一个细节。那种机器十分简单，很像是街上电车里面的一个车费登记机——包括一个长方形的小盒子，前面有一个长横闩，几排平列的数字，被两个键管理着。这样的机器，在公司里大约有300多个，都由总厂的一座总机器控制着。

不久，爱迪生的命运就出现了转机，而这个转机完全源于对这台机器的研究。

当时的金融行情非常紧急，金价的改变足以决定全市的物价和市价，因此金价指示机自然就成为人们注意的中心。

偏巧在这个节骨眼儿上，金价指示机坏了。报道黄金牌价的通讯联络切断了，整个证券交易系统都陷入瘫痪状态，管理员惊慌失措，完全不知道该怎么办。公司总裁罗斯博士飞奔过来，了解是怎么一回事后，也束手无策。

爱迪生当时正好在场，他看到这混乱的局面后，一声不响地到机器旁边仔细观察起来。很快，他就发现在密如蛛网般的弹簧中，有一根已经断裂了，正好卡在两个齿轮的中间，导致整部机器都停止了工作。

于是，他马上对暴跳如雷的罗斯博士称自己可以修好。罗斯一听，仿佛抓到了救命稻草一般，也没看清眼前的人是谁，就连声催促：

"那么就赶快修！赶快！"

爱迪生要来工具，小心翼翼地卸去坏掉的弹簧，然后慢慢地将齿轮复位，随即，机器恢复了正常的运转。人群发出一阵欢呼声后，迅速散去，一场危机解除了。

罗斯博士将爱迪生叫到自己的办公室，详细地询问了他的来历，并考问了他有关机械方面的知识。爱迪生如数家珍般的回答让罗斯很满意，当即拍板录用了爱迪生。

一个月后，波普辞职自己开办公司，爱迪生便直接接替了他的职位，月薪是300美元。从两个月前不名一文地来到纽约，到如今荣任公司的总工程师，爱迪生的人生轨迹就这样发生了戏剧性的变化。

（二）

爱迪生上任后，便着手改进了罗斯博士的机器，并申请了专利。改良后的金价指示器足以与罗斯博士的竞争对手——电报传送黄金与股票行情公司的设备相媲美。这给西方电气公司造成了意想不到的竞争威胁，于是，西方联合公司兼并了罗斯博士的公司，拉弗茨接管了领导工作。爱迪生再次成为西方联合公司的职员。

1869年9月24日，国库抛售国家黄金储备，黄金价格急速下降，黄金投机被制止了。不久，爱迪生辞去了公司的职务。

一周后，即10月1日，爱迪生与老朋友富兰克林·波普合作，开办了他们自己的公司——波普—爱迪生公司。公司的地点设在百老汇78号至80号的股票交易大楼里。

这是美国这一类公司中的第一个电气公司，主要承办私设电信线的工程。爱迪生在《报务员》杂志上刊登了公司成立的消息，消息中有一句话是：

"在电报业务领域，本公司已遥遥领先。"

这一年，波普还不到30岁，爱迪生22岁。波普主要担任公司的业务领导，爱迪生则担任发明工作。

为了省钱，爱迪生租住在新泽西伊丽莎白市的波普家中。此外，他还在别处另外设立了一间发明实验室。那里离他的住处相当远，在一位医生诊所的里面。

爱迪生后来这样形容当时的情形：

"我每天早晨6点钟起床，7点乘车到纽约，在事务所工作到下午6点，然后和波普分手到实验室，在实验室从事发明的构想和实验，再乘凌晨1点的火车到伊丽莎白站，步行1千米回到住所。冬天寒冷的时候，在途中我常常差点就冻死，上床睡觉往往已经是凌晨2点钟了。"

爱迪生一直都勤恳地工作，这时，新公司已经有两项发明获得了专利，一件是金价印刷机，另一件是美国印刷机。然后，波普与爱迪生又在纽约设立了一所私人电报局，专供商家私人通信。后来又设立了第二个，专门向购买者和证券经纪人报告开盘的金价。

西方联合公司的拉弗茨得知后，便决定抵御这种威胁。经过6个多月的努力，他终于和波普—爱迪生公司协定，以1.5万美元的价格收购了此项发明，爱迪生因此也赚得了5000美元。

随后，爱迪生与波普又对1867年罗斯博士发明的行情指示器做了改进，研制出一种全新的行情自动记录机。这是一种可以自动记录的脉冲信号机，能自动将通过电报拍来的行情打印在纸带上。这种机器的最大优点在于，如果机器一旦出现故障或塞机时，只要人工输入"不拥塞"的电讯号，机器便可以恢复正常运转。

拉弗茨希望可以牢牢地控制住爱迪生，因此在爱迪生的这一发明面世后，他马上找到爱迪生，表示很喜欢这种机器。他对爱迪生说：

"爱迪生先生，无论如何请你把这种发明让给我，我会按照你的希望付给你发明的权利金。"

接着，拉弗茨又问爱迪生，这项新发明值多少钱。爱迪生心想，如果给他5000美元就足够了。当然，如果给3000美元的话也说得过去。但是，他不敢贸然提出这么庞大的数目，而是很谨慎地说：

"还是请经理先生说个价钱吧！"

"那么好吧，你觉得4万美元怎么样？"拉弗茨试探着问爱迪生。

爱迪生在后来回忆起这段往事时，还清楚地记得当时的情景：

"听到这个数目，我几乎要昏厥过去。我担心他会听见我的心跳，所以我尽力地控制着自己的感情，表示这个价钱还算公道。"

两天后，爱迪生与拉弗茨签订了转让专利的合同，也掘到了他人生的第一桶金——4万美元。

爱迪生从来没用过支票，对如何用它也一无所知，他也不知道支票必须有拉弗茨的签字才能兑现。因此，当他拿到支票后，便迫不及待地冲出办公室，直奔银行。

银行职员看到支票后，拒绝支付给爱迪生现金。爱迪生以为银行职员故意刁难他，冲着对方大声嚷嚷。职员告诉他，请他去签字后再来。可是爱迪生的听力不好，听不清职员说什么，以为支票是假的，认为自己上了拉弗茨的当。他马上跑出银行，怒气冲冲地去找拉弗茨算账。

拉弗茨看到爱迪生气急败坏的样子，忍不住哈哈大笑。他一边耐心地给爱迪生解释其中的原因，一边签字后派人与爱迪生一起去银行。

银行职员看到爱迪生又返回来，觉得十分好笑，便故意捉弄他，在他面前迅速堆起了一大堆小面额的钞票。爱迪生傻了眼，因为缺乏和银行打交道的经验，他不懂得自己完全可以拒收这些散钱，而要求对方支付大面额的钞票。

可怜的爱迪生将4万美元塞进身上的所有口袋，弄得臃肿不堪。走在回家的路上，他生怕警察把他当成强盗抓去。

回到家后，面对一大堆的钞票，他还是感到不安，于是彻夜不眠地守着这些财富。第二天一大早，拉弗茨便帮他把钱送到银行，开了一个活期账户，把这些钱存了进去。拿到银行的活期存折后，爱迪生才放心地舒了一口气。

（三）

有了雄厚的资金作为后盾，爱迪生开始目标坚定地向着职业发明家的角色转变。拉弗茨深感爱迪生身上蕴藏着的无限潜力，就主动将自己的一个亲戚——威廉姆·昂格尔介绍给爱迪生。昂格尔是一位机械师，刚好可以成为爱迪生进行发明的得力搭档。

1870年，爱迪生在新泽西州纽瓦克市的沃德街10号与12号建立了一座工厂，专门制造各种电气机械。很快，他就接下了大量的订单，而最大客户就是西方联合公司的拉弗茨，一次曾订购了1200台机器。工厂的工人也迅速由十几个人增加到150人之多，24小时不间断地进行生产。爱迪生也因此而一跃成为工商业界的佼佼者，很多投资商都主动上门，与爱迪生商谈合作事宜。

这时期，一批政界和金融界的要人，其中包括美联社前总裁丹尼尔·克莱格、时任财政部副部长的乔治·哈林顿、肯萨斯太平洋铁路公司财政部长约西亚·瑞夫等人，他们有意投资开办一个大型的企业——自动电报公司。但开办公司就需要有一个技术上的前提——必须解决好自动发报系统中打印设备速度太慢的问题。为此，他们找到了素来以擅长发明革新闻名的爱迪生，委托他来负责这个被命名为"美国电报工程"的项目。

为了能给新成立的自动电报公司研制出相应的设备，1871年，爱迪生又在纽瓦克市设立了第二个工作室，规模要比第一个大得多。

有一次，爱迪生接到了差不多3万美元的订单，他将工人全部聚集在一起，然后说：

"如果不能把这宗产品完成，我们谁也不能出去一步。"

为了能让工人们安心工作，爱迪生甚至锁上了工厂的大门。接着，爱迪生与工人们一起连续工作了60多个小时，几乎每个人都没有睡觉。工人们的妻子站在厂门口哭叫，爱迪生也没有心软，而是坚持完成了这批货，然后，爱迪生对大家说：

"现在，大家可以回去好好睡一觉了，醒来后如果觉得这里的工作不好，就可以不必回来了。"

可是，不到24个小时，工人们全部都回来了。

爱迪生的工厂实行计件工资，当某项工作完成后，他就会给工人们增加工资，或者开宴会，有时还会带全体工人去钓鱼。因此，职工们都从心里佩服这个有着优秀才能、率先做职工两三倍工作的年轻老板。他们相信，爱迪生的脑袋本身就是一部精巧的发明机器，只要人们能预见到将会发生什么问题，爱迪生总是能够及时加以排除。

据一位熟悉爱迪生的工人说：

"爱迪生的办公桌通常放在车间的墙角，每当他完成一项发明时，总是要马上站起来，开始跳一种类似于非洲大陆上班图人跳的那种原始舞蹈，借以表达他完成发明的喜悦心情，并且，嘴巴里还不停地埋怨这么简单的方法他为什么当初没想到。这似乎已经成了一种信号，工人们一看到他跳舞就会围过来，接受这个年轻老板的明确表示，先是绘图，接着便是动手制造。"

随着工厂的建立和业绩的增长，爱迪生真正成为美国东部世界巨大工业的组织者。他不但足智多谋，还特别知人善用，善于组织人才。比如，他将公司的财务工作交给一位能把他的事业管理得井井有条的商业经理；他还请来了诸如英国工程师查尔斯·巴切尔、瑞士钟表师约翰·克罗西、德国技师西格蒙·伯格曼，以及无所不通的约翰·奥特等一大批优秀的人才。

爱迪生在纽瓦克市共生活了五年。这五年对于爱迪生来说，是十分辉煌的五年。他将厂房的一部分用作实验室，有时他就独自一人在里面做实验。但在这期间，许多发明家都慕名来拜访他，让他花掉了大量的时间应酬、接待这些发明家。

第八章　爱情与事业双丰收

人生太短，要干的事太多，我要争分夺秒。

——爱迪生

（一）

爱迪生能够取得现在的成绩，得益于他的母亲南希。对于母亲给予的教益，爱迪生有着说不尽的感激。

然而1871年4月的一天，爱迪生收到家信，得悉母亲病危。他马上放下手中的工作，返回家中。

母亲的头发已经全白了，母亲被病魔折磨得十分消瘦。听说小儿子回来了，母亲极力睁开眼睛，用微弱的声音问道：

"是阿尔吗？"

"是的，妈妈。您一定要好起来，我的事业才开始呢！"爱迪生紧握母亲的双手，哽咽着说。

母亲叹了一口气，说：

"阿尔，我不行了，我会在天上看着你努力工作的。"

爱迪生泪如雨下，泣不成声。对他来说，母亲比任何人都重要，可是现在，这位他最敬爱的母亲却要永远地离开人世了。

4月9日，母亲南希与世长辞，享年61岁。爱迪生将母亲埋葬在休伦湖畔的山坡上。

参加完母亲的葬礼，爱迪生拖着疲惫的身心回到纽瓦克工厂。他知道，对母亲最好的纪念与报答，就是加倍努力地工作。

就在爱迪生夜以继日地埋头工作时，爱神丘比特之箭却悄悄地瞄准了他。

一天，爱迪生刚从实验室出来，天空突然下起了大雨。爱迪生拿着伞下楼，忽然看见门口有两个年轻的小姐在避雨。

"把我的伞借给你们吧，好不好？"爱迪生关切地问。

两位小姐有些害羞，也有些意外，没敢搭腔。她们都认识眼前这位大名鼎鼎的发明家爱迪生。还是年龄小些的姑娘勇敢一些，说：

"那么，就谢谢您了。"

爱迪生很快得知，这是两位姐妹，姐姐名叫玛丽·斯蒂尔维尔，16岁，是纽瓦克工厂里新来的员工；妹妹叫爱丽丝。玛丽长得端庄秀丽，全身都散发着娴静妩媚的气质。爱迪生当即就被她深深地吸引住了。

爱迪生是个做事果断的人，面对自己喜欢的女孩子，他一点也不含糊。因此一有空，他就跑到玛丽工作的地方去看望她。玛丽发现，爱迪生智慧过人，富有激情，充满了活力，是个十分优秀的青年。她尤其佩服爱迪生在工作时的刻苦精神，对爱迪生也颇有好感。不久，两个人便相恋了。

爱迪生每天忙于工作，不能经常与玛丽见面，因此他就把玛丽调到自己的实验室工作。玛丽不但温柔、善良，还有非常聪明的头脑和勤快的手脚。两个人对生活、家庭和工作都有着相同的观点，因此彼此的感情也更加密切。

1871年12月25日，圣诞节的这一天，爱迪生与玛丽举行了婚礼。

当婚礼仪式一结束，爱迪生就悄声地央求新娘说：

"亲爱的，我有点事需要去工厂一趟，一会儿回来陪你吃晚饭，好吗？"

玛丽点点头，同意了。她想，在结婚这样重要的时刻，爱迪生是不会耽误很久的。可没想到，爱迪生这一去竟然再也不见人影儿了。

原来，就在婚礼进行过程中，爱迪生脑海里突然出现了一个解决自动电报机的方案，这也是他近来一直冥思苦想，但一直未能解决的问题。因此婚礼仪式一结束，他就马上飞奔到实验室。

时间一分一秒地过去了，爱迪生还像着了迷一样继续工作。后来，一个工人来实验室，看到爱迪生还在做实验，就大声喊道：

"先生，您果然在这里啊！您赶快回去吧，新娘都要急坏了！"

"现在几点了？"爱迪生问。

"已经是夜里12点了！"工人回答。

"天啊！糟糕，我必须回家，今天可是我结婚的日子！"

（二）

婚后，爱迪生夫妇和爱丽丝一同搬进了新居，那是爱迪生在纽瓦克市买下的一所单独的住宅。此后，夫妻俩又到尼亚加拉瀑布进行了一次短暂的蜜月旅行。

回来后，爱迪生便又将自己的身心全部投在了工作上面，常常通宵达旦地待在实验室中。玛丽独守空房成了家常便饭。玛丽一方面钦佩丈夫对事业的执著和认真，一方面也渐渐习惯了他的工作方式，所以她默默地承担着家里的事情，以便让爱迪生能有更多的精力去从事发明研究。

爱迪生在纽瓦克工厂最先开展的项目就是自动发报机。近代电报是用电传递信息的装置，爱迪生应纽约自动电报公司的邀请，改进了英国人里特尔制造的凿孔机、收报机、发报机和收报纸条等，还排除了长途电报的技术障碍，使纽约到费城每分钟通电报可达1000字，纽约到华盛顿每分钟通电报可达3500字。

从1872年到1875年，爱迪生又先后发明了二重、四重电报机。在研究二重电报技术时，爱迪生找到了两种方法，一种是"异向二重报"，即两个电台可以同时在一条线上发送电报；另一种是"同向二重报"，即一条线上同时可以发送两个不同的电讯。这时，各种新颖的发明一经过爱迪生的手，就真正发挥出了现实作用来，以往经常出问题的电报收报机也有了显著的改进，改进后的机器使用起来更加便捷。1872年，爱迪生获得了38项发明专利权。1873年，又新增加了25项。

在四重电报机的研制过程中，爱迪生面临的问题之一，就是怎样使电流保持绝对的平衡。

不久，爱迪生发现，通常的可变电阻器不适用于他的设备。那么，能否利用某些半导体在不同的压力下改变电阻值的原理，来设计一种新型的电阻系统呢？

爱迪生又开始进行实验。他在一块钢板上安装了一个用绝缘材料制成的圆筒，又在圆筒上装上50张胶料浸过的绸片，再用极细的石膏粉将圆筒填充起来。

在绸片的上方，爱迪生又装了一块金属板，借用螺旋装置按不同的刻度来改变对金属板的压力。随后，他将这一装置接入电路中，试验的结果表明：当压力最小时，阻抗为6000欧姆；如果将金属板用力旋转到底部，阻抗值竟然能够降至400欧姆。

试验成功了，爱迪生终于找到了平衡电流的方法。这个发现，在他日后发明电话过程中也起到了很大的作用。

平衡电流的问题解决后，其他问题也就迎刃而解了。

1874年秋，爱迪生带着他的四重电报机到西方联合公司的电报房中进行试验。线路的两端是纽约和阿尔巴尼。当时，天气十分恶劣，但爱迪生早有准备，并在纽约选用了最出色的电报员。因此在风寒的侵扰下，试验照常进行。结果表明，爱迪生发明的四重电报机性能良好。后来，它们被安装在连接纽约与波士顿和费城的线路上。

爱迪生发明的四重电报机，是他在电报方面做出的最为伟大的发明，也是继莫尔斯以后在电报学上做出的最重要贡献。截至1910年，由于采用了爱迪生发明的四重电报机，仅仅在美国就节省了约2000万美元的费用。

（三）

1874年12月底，关于四重发报机的研制工作已接近尾声，西方联合公司答应付给爱迪生5000美元，并出价2.5万美元购买了有关专利，每年还会付给他233美元，作为使用这一设备的费用。

然而遗憾的是，西方联合公司并没有践约，也没有付给爱迪生任何款项。因为此时，曾答应支付给爱迪生专利费用的公司总裁奥顿离开了纽约，该公司总监埃克特将军通知爱迪生，西方公司将拒付任何款项。不过他说，金融大鳄杰伊·古尔德想购买这种四重发报机的专利。

关于古尔德，人们称他是靠制造"恐惧和恐慌起家的"，他"在以金融欺诈和恶棍行为著称的世纪中，总是不择手段地损害自己的朋友"。爱迪生在晚年时曾这样评价古尔德，说他"冷酷无情，良知麻痹，不知建设事业之可贵，但解图利而已"。但作为平衡，他又表示对古尔德并无怨言，"因为他在他的行业中是颇为能干的，只要试验成功，其他问题都是次要的"。

12月28日，爱迪生在纽瓦克工厂里为古尔德演示了他的四重发报机的性能。1月4日，古尔德出价3万美元，买下了爱迪生四重电报机的专利。

对于这3万美元，爱迪生是这样使用的：

"这笔钱我全部用来试验一种六重发报机，结果未能成功。从财务的角度来说，如果不发明那个四重系统，也许我的经济状况会比现在更好些。"

控制着西方联合公司的古尔德从爱迪生的发明中也获得了巨大的利益。关于这点，我们从爱迪生在1892年发表于《科学美国人》杂志上的文章中可以看出：

> 我的四重发报机系统中的每一英里电线就相当于以前的4英里电线的功用，他使用的这种四重发报机系统总起来就等于省去了价值1080万美元的21.6万英里长的线路。而且，这些省去的线路无须进行检修。如果按以往每年每英里4美元的检修费用计算，每年共合计节约86.4万美元。此外，还省去了借贷1080万美元建造基金所要偿付的利息。

爱迪生是敌不过古尔德的。1875年，爱迪生同古尔德的关系彻底断绝，而同他的诉讼纠纷竟然延续了30多年。

1875年，爱迪生在无意中曾做过电磁波的实验。他发现继电器在工作衔接间会放出电火花，于是就将导线的一端接在衔接铁上，将另一端对着附近的金属导体的尖棱顶角进行试验，发现在金属与导线之间有火花产生。爱迪生将这一现象取名为"以太力"。

爱迪生的这个实验，其实是发现了电磁波沿着导线周围空间传播的事实，不过当时他正在为迎接1876年费城举办的庆祝美国成立100周年博览会而忙碌，为博览会研制炭质电话机和留声机，这让他不得不放弃对以太力的深入研究。

1888年，赫兹的电磁波实验获得了成功后，爱迪生曾十分惋惜地说：

"让我感到不解的是，为什么我没有想到利用这些结果！"

此后，爱迪生又将打字机进行了改良，这也是纽瓦克时代的大事件之一。一天，克里斯托弗·莱瑟姆·肖尔斯带来一部用木头做的打字机模型，请爱迪生帮忙改进。爱迪生毫不犹豫地答应了。

经过爱迪生的改良后，这个模型的实用功能增加了很多，这就是后来的名牌"雷明顿打字机"。

打字机完成后，爱迪生高兴地说：

"这样一来，写字的时间就能缩短，政府和公司的办事效率也会提高，用不了多久，就一定会有很多人来购买的。"

最终，打字机在全世界都得到了普及，为人们带来了快捷和便利。

之后，爱迪生又发明了"火灾警报器""石蜡纸""自动电气笔"等。为了让研究更快更好地进行，他请父亲帮他选了一块景色秀丽的地方，另外建立起了自己的研究所。

爱迪生从小就喜欢用他那与众不同的大脑袋思考一连串的问题。看到铁匠将铁在熊熊的烈火中烧红，然后锤打成各式各样的工具时，他就提出一个又一个问题：火是什么东西？火为什么会燃烧？火为什么是红的？火为什么这么热？回到家后，他抱来干草，将其点燃，想弄明白火究竟是什么，结果引来了一场火灾，将家中的木棚全部烧掉了。

第九章　门罗公园中的"魔术师"

　　荣誉感是一种优良的品质，因而只有那些禀性高尚积极向
上或受过良好教育的人才具备。

——爱迪生

（一）

　　1876年，29岁的爱迪生从纽瓦克市迁居到纽约城外40千米远的门
罗公园。在这里，他从事发明实验约10年，一直到1886年。

　　这个实验地点是父亲塞穆尔选定的，实验室的建筑则是由爱迪生
亲自设计的。这里环境优雅，配套设施齐全，非常适合在此做研究。

　　爱迪生将这块新的实验基地命名为"门罗公园研究所"。他为这
个新设立的研究所配备了大量先进的科学设备，价值达4万美元，并扩
充了图书馆。门罗研究所的建立，不仅在爱迪生一生的事业中具有不
可估量的意义，在美国历史上也是一个创举。因为这是美国第一个有
组织的工业科学研究机构，它"标志着集体研究的开端"。

　　对于研究所及自己的定位，爱迪生有了清醒的认识。他认为，门
罗研究所的任务，就是研究人们生活中的实际需要，然后设法研制

出满足这种需要的东西来。他相信，研究所可以根据发明新产品而盈利。至于自己，爱迪生做了这样一番自我评价：

"我只是纯粹的发明家。不论是我的研究，还是我的试验，其目的都是为了发明一种具有商业用途的物件。我认为，称我为科学发明家，而不是机械发明师，也许更合适。"

将实验室当成一个商用的专业研究组织，这在当时还属于一个开创性的新鲜事物，因此受到科学家和企业家们的质疑。一方面，科学家对这种过于"唯利是图"的研究不屑一顾；另一方面，企业家们对以科学发明的方法来发展工业难以置信。

不过，爱迪生根本不在意人们的看法，只要认准了目标，就勇往直前地干下去。一些致力于科学发明的人才也成为爱迪生志同道合的朋友，跟随他一起来到了门罗实验室。其中，有两个人与爱迪生的合作最为默契，一个是英国人巴特勒，他做事细致认真，刚好弥补爱迪生的冲动毛躁，并且总能准确地领会爱迪生的构想，将它转化为详细的图表；另一个是来自瑞士的克鲁西，他心灵手巧，能够根据爱迪生粗略的描述和巴特勒绘制的草图，制作出各种精良的机器和设备。

爱迪生认为，"发明的最佳方法，就是充分网络足智多谋的天才，然后把他们组织起来，完全地去追求他们的目标"。因此，这个研究所后来也成为美国许多大型工业研究机构的前驱，对美国重视实用科学研究传统的形成产生了重要影响。

美国著名历史学家丹尼尔·布尔斯廷说：

"爱迪生的发明工厂是地地道道的工厂，他打算在工厂里将发明变成大规模的买卖，以满足市场的需要。虽然这个工厂办在一个与世隔绝的村庄中，但它的目的不是要成为一个完全的研究所或科学思考的退隐地。正如火炉工厂把能够制造火炉各种部件的工人调集到一起一样，爱迪生是要把能够制造一项发明物不同部件的人调集到一起。"

在门罗实验室，爱迪生就像一个大家庭的家长一样，一切都由他说了算。而他所作出的决定，基本上都是根据他的个人兴趣和爱好。这也让他的实验室日常管理和项目开发显得有些随心所欲，缺少章法。爱迪生随时都会冒出新的想法，然后让手下人马上去实施，而不是等第一个项目进行完，再开始新的项目。所以，他们常常同时进行好几个项目，有的项目也会最终因爱迪生自己失去了兴趣而不了了之。

不过，爱迪生这种随意无拘的个性也影响了整个实验室的氛围。爱迪生的热情、能力以及他那兴高采烈的精神状态，时刻都让这个组织的成员处于一种积极的进取状态之中。在工作的时候，大家都很投入；但闲暇时，大家会在一起进行一些轻松愉快的娱乐活动。在实验室的一个角落里，摆放着一架风琴，每当工作告一段落，大家就会聚在一起弹琴、唱歌、抽雪茄。

（二）

早在1870年10月，爱迪生就宣称：

"从此以后，每次发明我都要做一份完整的记录。"

来到门罗公园研究所后，爱迪生的这一习惯保留了下来。从发明构思之初到产品模型的制作完成工程，爱迪生都认真地进行记录，有时是简单的几句话，有时是一幅草图，有时是几个公式，形式不拘。

爱迪生还准备了一个有200多页厚的笔记本，不论是与朋友进餐还是闲聊，只要想到一种新的思路，哪怕只是很朦胧的想法，他都会马上拿出笔记本记录下来，并用草图的形式将其简单地表现出来。他的大脑几乎没有停止思考的时候，好像每时每刻都能产生新的创意。有的时候，他一天中会不下十几次地在笔记本上记录新的方案，一个本子往往用不了多久，就被各种线条、图表和字符填满了。

据统计，爱迪生一生中共做了大约3400多本笔记。它们至今都保存在爱迪生国家历史博物馆当中，成为研究爱迪生发明过程的宝贵资料。

在有了自己的研究基地之后，新的发明接踵而来，新的产品也一个接一个地从工厂里被制造出来，其范围之广，远远超过以前的纽瓦克工厂。

1876年，美国费城举行了百年纪念展览会，展出了近100年来美国的各种发明成果。其中也包括爱迪生的发明成果，但当时并未占有显著的地位。当时参加展览的人们可能做梦都不会想到，爱迪生不久以后就发明出了电灯、电话、留声机、电影等等，轰动了整个世界，也影响了人类的生活，以至于爱迪生被尊称为"门罗公园里的魔术师"。

1876年2月，亚历山大·格雷厄姆·贝尔完成了电话的发明，正式向美国政府申请发明电话机的专利许可证。在同一天，伊莱莎·格雷也完成了这项发明，正式申请专利许可证。而格雷的申请只比贝尔晚了2个小时。

因此，世界上最早申请"以电线传送声音"发明专利权的是贝尔。但是，它的音波极其微弱，必须将它放在耳朵边仔细听，才能听到对方说话，否则就听不清楚。因此，在参加费城发明博览会时，贝尔的电话因为声音太小，大家都认为不过是一个玩具，当时并没有受到重视。

但贝尔并不甘心自己的发明只被当做玩具。为了让电话能在公众中得到推广，他开了好几次演讲会，宣传电话的使用优点。尽管阻力重重，但最终贝尔的努力还是有了效果，电话终于渐渐被人们认可。

1877年，第一份用电话发出的新闻电讯稿被送往美国波士顿的《世界报》，这标志着电话已为公众所认可。

同年，贝尔又成立了贝尔电话公司，电话从此开始飞速发展。

西方联合公司的威廉·奥顿董事长听说贝尔成立电话公司的消息后，十分不安，他担心自己的电信事业会因此受到贝尔公司的影响而渐渐衰退。因此，他专程到门罗公园找到了爱迪生。

"爱迪生先生，你对贝尔发明的电话有什么意见？"

"我觉得还是不行。如果他能做得更好，那将是一件十分了不起的事。但就目前的情况来看，我认为它并没什么用途。"

"老实说，我今天来拜访您就是为了这件事。爱迪生先生，您知道，贝尔最近成立了一家电话公司，那么他必然也会对电话进行改良，最终发展成为电话事业。一旦电话发达了，对于电信事业将是一个严重的威胁。所以，爱迪生先生，我想请您尽快将电话改良成实用的东西，来帮助我的公司渡过难关。拜托您，务必要帮这个忙。"

奥顿非常着急地向爱迪生说了一大堆好话。爱迪生考虑了一下，答应改良电话，但他声明，改良电话的用意与贝尔先生是没有任何关系的。他是想制造出一些世界上所有人都深感需要的东西，这也是他多年的愿望，所以他很愿意为改良电话而尽力。

（三）

其实早在贝尔向专利局申请电话发明专利时，爱迪生就已经开始留意研究电话技术了，只不过他当时手头项目繁多，没有及时将研究进行下去，所以错失先机。现在既然有人投资支持，再加上爱迪生自己也不甘人后，所以他欣然接受。

爱迪生的研究重点是送话器，当时爱迪生还没什么经验，也没有书本可以参考，因此只能凭自己的想象进行。他觉得，贝尔的电话系统是由人的声音产生必要的电流，因而电流十分微弱；而爱迪生认为，应该将人的声音作为用来开闭控制任意强度电流的阀。另外，贝尔的电话中，导线传送给电话机的只是原有的弱电流；假如电流通过初级线阀时产生的是更强的电流，这样就能使通话的距离从原有的几英里一下子提高到数百英里。

根据这一设想，爱迪生设计制作了一种类似杯状的发送设备，里面有一个半导体的圆扣，两面与铂盘相连，一只固定在膜上的橡胶筒紧靠铂盘，对它产生压力，从而改变半导体圆扣的电阻值。

接下来就是怎样才能让声音传递得更清楚响亮。为解决这一难题，爱迪生进行了无数次实验，相继研制出50多种材料制成的不同的送话器。但他始终不满意，还是坚持不懈地寻找新的材料进行实验。

一天晚上，爱迪生像往常一样，在工作台前忙着做实验，没注意到煤油灯的灯油已经所剩无几了。不一会儿，灯就灭了，一缕青烟轻盈地升起，灯罩马上就被熏黑了。月光透过窗户洒在工作台上，爱迪生愣愣地看着眼前已经熄灭的煤油灯，一个大胆的想法突然冒了出来：灯罩上的这层炭黑，能不能用在送话器上呢？

爱迪生觉得，这个想法有些异想天开了，但他还是尝试了一下。以往的经验证明，许多实验的成功就是在看似不可能的情况下成功的。

爱迪生小心翼翼地从灯罩上刮下一层炭黑粉末，然后将它涂在小小的圆盘上，再将圆盘装入话筒。结果他惊喜地发现，从话筒中传出来的声音比以往要清晰、响亮好多倍！

爱迪生欣喜若狂，他将这个发明成果命名为碳阻电话送话器，并将其在纽约到费城之间长达100多千米的线路上进行了试验，结果无论是通话距离还是声音的清晰程度，都远远地超过了贝尔的电话。

可以这样说，学术上成功地发明了电话的人是贝尔，而在实用上成功地改良电话的人，是爱迪生。

1877年4月，爱迪生申报了碳阻电话送话器的专利。西方联合公司以10万美元买下了爱迪生的专利权。爱迪生要求公司不要一次性支付给他，而是在专利有效期的17年内分期付款，每年付给他6000美元。

后来，爱迪生解释了自己的这一要求：

"我的雄心比我手中的钱要多得多。我知道，如果这笔钱一次性交给我，我就会一次全部花在实验上，所以我要让自己无法做到这一点，这样，在17年内，我保证在生活上不至于遇到太大的困难。"

不过，由于当时包括贝尔在内的许多科研人员都在致力于电话的研究，由此也产生了许多争议纠纷，所以爱迪生的申请也被搁置下来。

（四）

自从用上了爱迪生发明的碳阻送话器，电话事业迅速发展起来。一向称霸通讯业的西方联合公司，借助雄厚的资金大规模地发起了商业攻势，与贝尔电话公司展开了激烈的竞争。他们大肆宣传称：

"本公司拥有独一无二的、具有最新装置的优等电话设备。"

在很短的时间内，报纸、旅馆、铁路等领域的电话业务都被西方联合公司控制在名下。贝尔电话公司的用户得知这个消息后，都纷纷要求获得同样性能的设备，结果导致贝尔公司四面楚歌。为此，贝尔与爱迪生之间也发生了争执，而且愈演愈烈。

1878年秋，爱迪生的碳阻送话器被送到英国进行试验，并在英国皇家学院进行了表演。在试验时，线路的一端用的是爱迪生的送话器，而另一端的收话器却是贝尔的电磁系统。因此，贝尔在伦敦的代表雷诺兹上校马上提出警告：除非爱迪生今后停止使用贝尔装置，否则将指控他侵犯专利。

爱迪生得知这一消息后，马上表示要设计出一种可以绕过贝尔专利的电话接收机。于是，他立即停止对白炽灯的研究，与全体研究人员一起全力以赴地进行电话技术的攻关。

3个月后，爱迪生便绕过贝尔的电磁系统，研制出了一种新型的、声音效果更好的收话器。

1879年4月，这种收话器与碳阻送话器一起被送到英国皇家学会表演，结果大获成功。

在这次表演之前，爱迪生就在英国成立了爱迪生电话公司伦敦分公司，与当地的贝尔电话公司唱起了对台戏。两家公司经常为了争取客户而展开白热化的竞争。在伦敦的屋顶上，常常可以看到两家公司的安装工人故意将对方的线路弄出故障；一旦两方相遇，就会如仇人一般，甚至大打出手，惊动警察。

事实上，两家公司当时谁也没有绝对的技术优势。贝尔公司的听筒性能优良，但送话器不行；爱迪生公司的送话器虽然领先，但听筒却存在着一定的缺陷。因此，当时双方主要是较量谁的维修工作更佳。

为了占领英国市场，爱迪生对派往英国的技术人员进行了严格的考核。他安装了一座交换台，配备了10台新的电话机。在考核前，他亲自出马，不是截断某部电话的线路，就是把它的部件搞乱，或者让电极变污。他对参加考核的人员说：

"不论是谁，如果能够连续解决10个故障，每个故障平均不超过5分钟，谁就可以马上去伦敦。"

就在爱迪生与贝尔的电话之争进行得如火如荼时，1879年9月，英国邮电大臣约翰·曼纳斯博士突然宣布：个人电话公司必须向政府申请许可证后才能营业。

面对共同的行业危机，爱迪生和贝尔两家公司权衡利弊后，最终决定握手言和。1880年6月8日，双方在伦敦的分公司合并为联合电话公司，同时申请了30年的经营许可证。在合并后，爱迪生从公司中获得了3万英镑的股份。联合电话公司的成立，终于让爱迪生与贝尔之间的电话之争宣告结束。

为了搞实验，爱迪生经常连续几天不出实验室，也不睡觉。实在太累了，他就用书当枕头在实验桌上打个盹。有一天，他的朋友开玩笑说："怪不得爱迪生懂那么多发明呢，原来他连睡觉都在吸收书里的营养。"

第十章　留声机的诞生

登高必自卑，自视太高不能达到成功，因而成功者必须培养泰然心态，凡事专注，这才是成功的要点。

——爱迪生

（一）

爱迪生在30岁之前发明的东西，从有关电信的机械开始，大多数都是已经知道原理，或是对别人发明失败的东西加以改良，使之实用化。唯独留声机，是完全由他自己创造出来的。

虽然爱迪生是世界上第一台留声机的制造者，但最初提出这个设想的人并不是他。早在1839年，汤姆·胡德在他的《每年笑闻》中写道：

"在这发明层出不穷的时代，当自动图像纸已经问世，可以用来复制可见物时，谁能否认将来会有人发明一种重述声音的复写纸呢？"

当时摄影技术已经诞生，这让许多富于幻想的人们不禁也开始想象：既然能够记录图像，那么为什么不能记录声音呢？因此在此后的40年左右，一个名叫查尔斯·克洛斯的法国科学家也曾提出过留声机的设想。

1877年4月，克洛斯撰写了一篇论文。在论文中，他描述了一个有关重现人的声音的实验。实验的大概设想是：当人发出声音后，引起薄膜的振动，由此在一块涂有灯黑的玻璃上留下细痕；接着，用光蚀的办法将细纹印在一张金属盘上，然后再用另外一个薄膜的附件在细纹上移动。这样，薄膜就能将声音重现了。

但克洛斯没有资金支持，无法进行实验，所以他只好将论文存放在巴黎科学院。几个月后，他在与科普作家雷诺聊天时，谈起了自己的这个设想。10月，《教区一周》杂志上刊载了雷诺的一篇文章，详细地介绍了克洛斯的实验构想，并给这种装置起了一个名字——留声机。

11月3日，《科学美国》杂志上报道了罗莎贝利博士和马雷教授的一项科学成果：他们已经成功地录下了人的喉、唇和腭部的运动过程。

这一系列的信息刺激了爱迪生，他意识到，留声机的发明是势在必行的。

其实早在1876年，爱迪生在进行电话研制时，脑子里就整天想着声音振动的理论和利用振膜传送声音的方法。继而他也很自然地想到：既然可以打出再现电报机声音的纸带，那么振膜的振动为何不能记录下来，再将声音复原呢？

夏季的一天，爱迪生在与巴特勒闲谈时，说起了自己的这个设想。但巴特勒却认为这是一件非常不可思议的事情。

"那么我们就来试一试吧。"爱迪生可不是个轻易放弃的人。

"好吧。不过，我可没什么信心。"巴特勒不以为然地耸耸肩说。

爱迪生迅速地架起一台设备，将一张打印电报的纸条从中穿过，并在穿纸的过程中大喊了一声"你好"。

然后，爱迪生将纸条抽出来，与巴特勒侧耳趴在机器上，认真倾听。巴特勒半信半疑地俯下身来——机器中似乎有些莫名其妙的声音。

"怎么样？听到了吗？"爱迪生笑着问。

"很奇怪的声音，没有'你好'！"巴特勒一脸的茫然。

"哈哈，你可以发挥点想象力嘛！"爱迪生笑了起来。

"你竟然捉弄我！"巴特勒也笑了起来，"不过说真的，我觉得你还是有些异想天开了，声音怎么能够复制呢？大概只有上帝才能做到！"

爱迪生的好胜心又被激了起来，他不服气地说：

"好吧，那就让我们走着瞧吧，我一定能够发明出复制声音的机器来。"爱迪生信心满满地说。

从这以后，研究记录声音的机器就被爱迪生列入自己的发明计划当中。但是，当时他正致力于改良他的电报记录器等事项，一时还腾不出时间和精力开展这项工作，因此只能在闲暇时间进行一点间断性的研究。

而现在，已经有人开始设想要发明留声机了，爱迪生觉得，自己必须尽快将这一发明提上工作日程，力争抢在所有人之前将其研制成功。

（二）

1877年12月初，爱迪生将一份留声机的设计草图交给了助手克鲁西，让他按照草图进行制作。

"这是一台什么机器？"克鲁西问道。

"是一台会说话的机器，请你赶快按照图样把它做出来。"爱迪生简单地解释说。

"天哪！您不是在开玩笑吧？"克鲁西几乎不敢相信爱迪生的话。

"克鲁西，按照图纸做吧，任何奇迹都是有可能发生的。"爱迪生不再多说，而是吹了声口哨，转身走了。

几天后，这个奇怪的东西做好了，爱迪生看后感到很满意。晚上，爱迪生召集所有的工作人员到实验室来，大家一起见证刚刚问世的留声机的试用情况。

事实上，此时的爱迪生心里也没什么底。他当时想，就算是能听到一两个字音，就已经心满意足了，这至少能为他以后的研究提供一些经验。

爱迪生深吸了一口气，镇定了一下自己激动的情绪，然后小心翼翼地将一片薄薄的锡箔卷在滚筒上，把振膜的指针调到合适的位置，然后轻轻地摇起机器上的手柄。

该对着机器说话了，众目睽睽之下，爱迪生的大脑忽然一片空白，不知道该说些什么！情急之下，他脑海中闪现出一首童谣来。

"玛丽有只小羊羔，穿着一身白衣裳……"

大家忍不住笑了起来。这时，爱迪生将振膜上的指针移开，将滚筒转回原位，然后将另一个振膜的针头对准了锡箔。

他再一次缓缓地摇动手柄，每个人都紧张地屏住了呼吸，然后，就听到机器里发出微弱的，但无疑是属于爱迪生的声音：

"玛丽有只小羊羔，穿着一身白衣裳……"

"我的上帝！"克鲁西用德语忍不住第一个高喊出来。

接着，大家也都开始发出一声声不可思议的惊叹：

"太神奇了！"

"天哪！它居然真的能说话！"

……

顿时，掌声、欢呼声响了起来，大家纷纷拥向爱迪生，向他表示祝贺。

出乎意料的成功也让爱迪生激动不已，他由衷地对伙伴们说：

"在我的一生当中，从来没有像今天晚上这样吃惊过！"

当晚，爱迪生与克鲁西按捺住激动的心情，又反复进行了试验，希望留声机的性能更加优良。最后，他们逐渐使锡箔更平妥，摇柄与滚筒也更加稳定。每记入一歌一文，令其发音，都让爱迪生和克鲁西惊喜万分。

1877年12月24日，爱迪生在华盛顿提出了专利申请。次年的2月19日，申请获得批准。爱迪生简直乐不可支，他称自己的这一发明为"最心爱的东西"。

在申请专利的这段时间里，爱迪生与助手们对机器又进行了多处小小的改进，制成了一系列的改进型留声机。在改进的过程中，爱迪生发现，可以用同一振膜记录和放送。在记下振动痕迹之后，用一个喇叭状的物体来扩大振膜上的声波，这样能增强音量。

不过，尽管进行了这样的改良，但滚动还是必须用手摇动，因此保持录制速度的稳定性就是个问题。同时，为了准确地再现录下的声音，播放时的速度还要与录制的速度保持一致。不久以后，他们便改用马达驱动了。

爱迪生的留声机试验成功后，马上就向全世界宣布了这一新闻。一周后，他与约翰逊首先来到了《科学美国》在纽约的编辑部。该刊的编辑比奇先生在他的专栏中写道：

"爱迪生先生最近来到编辑部，将一台小小的机器放在了我们的办公桌上，然后转动曲柄，机器便开始向我们问安，并问我们是不是喜欢留声机，告诉我们它一切都很正常，还友善地祝我们晚上好。这些话，我们不仅能够清楚地听见，连周围聚拢过来看热闹的十几个人也都能听见。"

各报的记者也都蜂拥而来，想看看这一奇特的发明。爱迪生试验了一遍又一遍，持续了两三个小时。

第二天一早，纽约各大报纸都对这项新发明进行了详细的报道。当爱迪生在公布其对电话的改进时，报界已经称他为"门罗公园的魔术师"了。现在，人们更认为他对这个称号是当之无愧了。

（三）

1878年4月18日，爱迪生在巴特勒的陪同之下，乘车前往华盛顿。他一改往日散漫的装束，第一次穿上笔挺的西装出现。因为，爱迪生将要到国家科学院去表演他新发明的机器，而且他希望可以在那里与一些著名的科学家会晤一下。

刚到华盛顿，著名的报社记者佩因特就上前迎接，称著名政治家詹姆斯·G·布莱恩的侄女盖尔·汉密尔顿小姐邀请爱迪生将他的机器带到她寓所中去，表演给国会议员和外交使节们看，而且海斯总统也打算请爱迪生到白宫去作演示。

这是爱迪生人生中非常重要的一个日子。他们在威拉德家中吃过早餐后，就出发到史密斯生研究院长约瑟夫·亨利家中，在他的客厅中表演了那架机器。接着，他又到汉密尔顿小姐家中，向许多社会名人讲解了那台留声机的功用。表演完后，他又匆忙赶去出席美国科学院的集会。在那里，各界名流已经齐聚一堂，焦急地等待着见识"本世纪最令人感兴趣的发明"。

到了预定的时间，主席让爱迪生给大家介绍。爱迪生不慌不忙地将机器安置在演讲台上，然后摇动手柄。听众们立即听到有说话的声音从机器里发出来：

"今天，本留声机非常荣幸地在美国科学院为各位听众进行表演……"

接着，爱迪生又向大家简单地解释了留声机的工作原理，然后就是现场录音。这时，现场的社会名流们也顾不上自己的面子和形象了，纷纷拥上前来，将爱迪生和留声机团团围住。很快，吟诗、歌唱、咳嗽、口哨声、打招呼声等，不断地从机器中发出来。于是，无数的赞美声将爱迪生几乎捧上了天。

后来，爱迪生又回到盖尔·汉密尔顿的寓所，再次受到了热烈的欢迎和喝彩。

晚上11点，爱迪生接到通知，说海斯总统要观看他的留声机。他又携带着这台宝贵的机器，乘坐马车赶到白宫去。

爱迪生在海斯总统面前的表演仍然十分成功，并且整整表演了两个钟头。在座的宾客有内政秘书卡尔·舒尔茨。

爱迪生后来回忆说：

"我还记得，当我进门时，他正在弹钢琴。"

在表演时，总统夫人露茜从楼上的寝室中与几个女客匆匆下来，也一起来观看爱迪生的表演。爱迪生被大家包围着，一直到凌晨3点才完毕。

爱迪生与他的留声机在华盛顿掀起了热潮。社会各界都在议论着这个年仅31岁的创造了奇迹的发明家。人们津津乐道于爱迪生与他的门罗公园实验室所取得的令人惊叹的成就，许多人都将爱迪生奉为天才。

1878年4月1日这天，《记录纽约》上曾刊登了一篇名为《爱迪生发明了一台可以喂养全人类的机器》的文章。读者稍微冷静地分析一下就应该明白，这不过是一个愚人节的玩笑。但许多崇拜爱迪生的人相信他无所不能，竟然都认为这一消息是真的，甚至有不少家报纸还郑重其事地对此进行了转载。

在爱迪生一生当中的数以千计的发明当中，留声机几乎是他的最爱，它不仅给爱迪生带来了巨大的荣誉，还使他充分体验到了创造的乐趣和成功的喜悦。

因此，爱迪生曾就留声机对朋友们说：

"它就像是我的孩子。我看着它长大成人；而当我老了的时候，它将给我安慰。"

（四）

从华盛顿回来后，爱迪生又将留声机送到了英国伦敦。关于爱迪生新发明的消息就像长了翅膀一样，迅速从伦敦传遍了全世界。

当留声机第一次在伦敦演示时，格莱斯顿首相也出席了演示仪式，并观看了演示。留声机里播出了爱迪生及他的实验室对首相、对伦敦各界报刊的致辞。

格莱斯顿首相面对留声机向爱迪生致谢：

"……我十分感谢您给我这个机会，让我能够看到我们这个时代的奇迹之一……请允许我个人向您——贵国伟大的有名望的人士之一——致以热烈的祝愿，祝您健康长寿，成为由于您的天才和劳动给人类带来幸福的见证人。"

1889年，爱迪生又将留声机送到了世界博览会上，于是又一次出现了全场轰动的场面。

当然，在多数人对留声机表示欢迎和认可的同时，也有人认为留声机是一种骗局，并大加反对。这其中，有一位知名的牧师名叫约翰·H·文森特。

这位牧师一向都为大家所尊敬，每逢他讲道时总是座无虚席。但他却公开表示，"爱迪生是个没有良心的骗子"。

听到这样的谩骂后，爱迪生既不惊讶也不生气，而是写了一封很有礼貌的信给这位牧师，邀请他到门罗公园实验室来参观。

几天后，文森特牧师来到了门罗公园实验室。爱迪生首先在他面前向留声机灌入了英国诗人托马斯·格勒的一首很有名的诗中的一节：

世界上高贵的人们，

不要用轻蔑的笑来听穷人们虚幻的故事；

还有愿望高尚的人们，

也不要用不耻的笑来看他们的劳苦、朴素和喜悦。

当这几句诗从留声机中传出来后，文森特牧师不禁发出了惊叹之声：

"不错，这真是奇妙！"

然后，牧师询问他是否可以对着留声机讲几句话。爱迪生一口应允。牧师以飞快的速度念出了一连串的圣经人名：

"摩西、所罗门、亚伯拉罕、腓利门、帖撒罗尼迦。"

爱迪生将滚动复位，摇动手柄，看到牧师为从中听见了自己的声音而露出的惊奇模样。牧师曾怀疑留声机中有鬼，而现在，他只好认输了。

爱迪生想将留声机推广到世界各地，于是派出宣传员到欧洲各国。1879年在巴黎举行的万国博览会上，这种留声机曾在会上陈列，一天当中就有4万人涌向留声机的陈列室去参观。

至于留声机的功用，爱迪生在1878年6月给《北美评论》中写的一篇题为《留声机及其未来》的文章中，陈述了下列十条：

一、缮写书牍及记录其他口语；

二、留声机课本，辅导盲人学习；

三、教习发音、朗诵和演讲；

四、欣赏音乐；

五、制成会说、会笑、会哭、会唱的玩具，作为馈送儿童的礼物；

六、家庭录音用，记录孩子谈话、临危者的最后遗言等；

七、报时使用，提醒人们用餐、开会或从事其他预定的工作；

八、保存名人的谈话；

九、教学辅导，如记录教师讲课，课后也可随时收听；

十、作为电话附件，传送永久性报道。

留声机的以上用途也在生活中成为现实。在美国，留声机被用于工商业管理领域。来自纽约的一份报道说：

"公司的领导以及高级职员们，现在都使用留声机制备忘录，留声机又将备忘录播放给打字机。"

同时，留声机在录制音乐方面也显示出了出色的优势。在1888年的亨德尔音乐节上，爱迪生在水晶宫举行了第一次留声机音乐录放表演，取得了非常好的效果。

爱迪生还曾设想用留声机充当办公用品，他听说托尔斯泰平均每天要答复25封来信，便送给他一台留声机。

此外，爱迪生还设计了一种电话留声机，就是将留声机与电话连接起来，自动地记录下电话的内容。

爱迪生对发明产品的要求是：价格低廉，耐用，操作简便。他很清楚，现在的留声机还不太完善，不符合普通的用途。为了提高留声机的性能，爱迪生断断续续，不知花了多少心血，直到80岁时，还在孜孜不倦地追求唱片的改进。1927年，爱迪生完成了一种"长时间演奏"的留声机，每张唱片能够保持40分钟之久。

第十一章　通往光明的坎坷征途

如果我曾经或多或少地激励了一些人的努力，我们的工作曾经或多或少地扩展了人类的理解范围，因而给这个世界增添了一分欢乐，那我也就感到满足了。

——爱迪生

（一）

在18世纪末以前，人们通常都使用蜡烛、油灯或火焰来照明。但在爱迪生出生的时候，煤油灯都是一种奢侈品，在美国还没有普及。

到了18世纪，人们开始烧煤，知道煤会产生瓦斯。英国的一位名叫麦多克的人利用这种瓦斯发明了"瓦斯灯"。这是1872年的事，那时爱迪生25岁。

但在用瓦斯照明时，空气中的氧气会被喷嘴燃烧掉，生活和工作场所的空气会变得很坏。而且，瓦斯灯是用铺设在地下的瓦斯管道来供给瓦斯的，如果管道漏气或瓦斯灯偶然熄灭，瓦斯就会污染空气，甚至发生危险。

既然这种照明设备远不能适合社会和生产生活的需要，那么寻找新的照明方法就变得日益迫切。深入研究新照明原理的主要任务是避免使用明火，不仅要消除照明设备的易燃性，还要降低氧气在燃烧过程中的消耗。

于是，科学家和发明家们开始研究电流照明的可能性，加强了对弧光灯和白炽灯的研究实验工作。

19世纪50年代，弧光灯就已经研制成功，但这种弧光灯每盏都需要有独立的电源，这就增加了成本。而且，弧光灯本身是一种强大的光源，只能用于灯塔、露天或大型的公共场所等地方的空间照明，所以还不能被普遍使用。

在这个时期，也有人从事白炽灯的研究，但直到70年代末期，白炽灯装置的基本原理才完全形成。

1878年，宾夕法尼亚大学的乔治·巴克尔教授写信给爱迪生，邀请他到美国西部的落基山旅行。刚好这时爱迪生手上的留声机工作告一段落，他也想出去放松一下。

在努力工作的10年当中，爱迪生简直一分一秒都没有休息过。尤其在发明留声机的过程中，爱迪生几乎投入了全部的精力，致使他其他方面的工作都暂时搁置下来。而且从着手研制留声机到成功之后的对外宣传，爱迪生一直都处于亢奋状态，结果一段时间下来，爱迪生感到身心俱疲。

所以，当爱迪生把出行的消息告诉玛丽后，玛丽十分赞同。

爱迪生一家计划去看将于1878年7月发生的日全食景观，但他此行还有一个目的，就是打算用他刚刚发明的气温计来测量一下太阳周围的气体温度。

从少年时代开始，爱迪生就对星星、月亮、太阳等天体和相关等天文知识产生了浓厚的兴趣，因此苦心研究发明了这种特殊的气温计。

当他们到达怀俄明州时，这里已经聚集了来自世界各地的观日者。各大报社也闻风而动，派出了许多记者，使得这次日全食的观赏活动变成了一次科学盛会。

结果就在日全食即将开始时，突然刮起了大风，这给爱迪生的观测造成了困难。爱迪生手忙脚乱地调整他的仪器，所幸成功地观测到了日冕的温度。聚集在怀俄明州观察日全食的天文学家们，无不佩服爱迪生发明的这种用来测量太阳周围气体的特殊气温计。

观测完日全食后，爱迪生又一路南行，考察了几个金矿。这一趟真是不虚此行，他在那里发现了一种测量金矿储量的方法。另外，在考察矿厂时，他还被矿工们那肩挑手提的劳动场景深深感动了。爱迪生不禁想到：矿厂附近就有个很大的瀑布，要是能够利用那个瀑布的水来发电的话，就能帮助工人们工作，工人也不用这么辛苦了。而且，电力不但能供应工厂，还能送到人们的家庭中取暖和炊事之用。还有，如果电力的能量能转变成光，作为照明的话，那么人们就不用再使用那些不方便的煤油灯和瓦斯灯了。

其实早在1877年的秋季，爱迪生就曾做过有关白炽灯的实验，但由于当时很多人都在从事这个项目的研究，爱迪生便放弃了这个项目。这次旅途中的见闻深深地触动了他，他开始意识到，利用电力来进行照明，对于提高人们的生活品质是多么重要！于是，对白炽灯的研究热情再次在爱迪生的心中点燃。

（二）

巴克尔教授告诉爱迪生，康涅狄克州的华莱士先生正在进行发明电灯的实验，爱迪生如果感兴趣的话，可以去拜访一下。

　　1878年9月初，爱迪生亲自登门去拜访华莱士。华莱士很欢迎这位青年发明家的来访，并向爱迪生展示了他的"远距离发电机"，利用这种设备，十几里外工厂里的弧光灯就可以被点亮。这种弧光灯所发出的光比几千支蜡烛点燃还要亮。

　　爱迪生兴奋地来回查看着，一会儿从发电机那里赶到弧光灯处，一会儿又从弧光灯处赶到发电机那里，并飞快地计算着发电机的电力和传送电力可能产生的损失，估计着发电机在一天以至一年当中所能节省的烧煤量。

　　这时，华莱士开口说：

　　"要是这种弧光灯可以像煤气灯一样，在家庭中普遍使用，那就更好了。爱迪生先生，您对这点有什么好意见没有？"

　　爱迪生想了一下，郑重地回答说：

　　"华莱士先生，您对弧光灯的研究成就的确了不起，可是，我觉得您的工作方向是错误的，您很快就会落在我的后面了。"

　　这句话反映出爱迪生当时对白炽灯充满了信心。的确，在爱迪生的脑子里，当时就已经产生了电灯的构想。因此，爱迪生一回到门罗公园研究所便马上抛开一切，专心研究起电灯问题。

　　爱迪生认为：电灯系统必须要像煤气灯那样简单，能够遍布各处，适合一切室内外的照明之用。而且，这种灯还必须结构轻巧，价格便宜，并要无声、无味、无烟，对人们的健康不会产生不良影响。

　　爱迪生这个人，不论对任何事，只要他感兴趣的，就会彻底进行研究，直到有结果了才会甘心。因此，他不分昼夜地躲在实验室中，开始研读那些有关煤气灯的杂志、论文以及世界各国的学术报告等。

　　在研究过程中，他所做的笔记就达200本，4万页之多，这足以看出爱迪生对白炽灯研究的热情和所耗费的精力了。

其实在爱迪生研究电灯之前的几十年间，就已经有人在不断追求一种经济实用的电灯了，也积累了不少失败的教训和成功的经验。1880年以前的一段时间中，人们普遍认识到制造电灯的可能性，但又存在着一系列重大的技术障碍。要制造电灯，最关键的问题就是找到一种既耐热又不易断的制造灯丝的材料，又要保证玻璃容器中绝对的真空才行。正是这个难题，让科学家们的研究举步维艰。

不过，这样的困难并没有难倒爱迪生，他下定决心攻克这一难关。因此他向实验室的同伴们宣布：

"这一次，我们无论花费多大的代价，都要将实验进行到底，直到取得成功。"

随后，他在一篇名为《电与煤气争夺通用照明地位》的笔记中写下这样的文字：

目标：爱迪生要用电力照明取代煤气照明，不仅要让电力照明具有煤气照明的一切优点，而且要使照明设备能够满足人们的各种要求。

这是爱迪生给自己制定的目标，也是他给自己立下的军令状。

爱迪生也很清楚，研究白炽灯成功的关键就是找到制作灯丝最合适的材料，这也意味着他们将进行难计其数的试验，然后在一次次失败的基础上向着未知的目标靠近。谁也无法预知，成功距离他们到底有多遥远。

这个过程必然要耗费大量的人力与物力，而且爱迪生从萌发进军照明设备领域的念头开始，他所考虑的就不只是白炽灯的发明。在他的脑海当中，已经绘制出了一幅关乎整个照明系统的宏伟蓝图。他的计划是：将来一旦白炽灯发明成功，就要配以相应的电力系统，让白炽灯普及到千家万户。

爱迪生以他特有的专心致志的精神，深入研究并制定了与整个照明系统有关的多种多样的问题，最终得出了广泛分散电光问题的可能性。他大胆地决定先将电流分路，再引入住屋里去点灯。

这是一个完全新颖的思路，他说：

"不仅要使电力照明具有煤气照明的一切优点，还要能够给人们带来热能和动能。利用热能，可以烘烤面包、烧菜；利用动能，可以开动多种多样的机械……"

（三）

要进行一项伟大的发明，就必须有雄厚的资金来支撑才行。以门罗实验室目前的资金基础，是很难支持这么大一个项目的。为了研制电灯的目标能够成功，爱迪生不得不寻找资金的支持。

不过，由于爱迪生之前在电报业所取得的非凡业绩，所以当他刚向外透露出研制白炽灯的计划时，一批商界名流便闻风而动。

第一个出面支持的人，就是西方联合公司的律师格罗斯维诺·P·洛雷。有趣的是，恰恰是他，当年在爱迪生的四重发报机引发的案子中，在法庭上百般刁难爱迪生。如今，通过对白炽灯研制前景的共识，他和爱迪生也算是冰释前嫌了。

头脑精明的洛雷建议爱迪生成立一家股份公司，以便为实验提供经济援助和专利申请。而且，洛雷很快得到了西方联合公司总裁诺尔文·格林博士的支持，同时也得了黄金与股票行情电报公司的主要股东特雷西·R·法布里的支持。他们都表示愿意拿出30万美元来支持爱迪生进行电灯的发明，并与他合伙开办电灯公司。但他们表示，他们将同时占有爱迪生在电灯、电力和电热等方面的一切发明权利，并有权将这些发明专利以办特许证的形式卖给其他人。

爱迪生经过再三考虑，同时也为了自己的研究能够获得成功，最终答应了他们的要求。经过磋商，双方立即着手成立了业务机构，并定名为"爱迪生电灯公司"，同时积极增添设备，积极开始试验工作。在30万美元的投资中，他们先拨付给爱迪生3万美元作为试验费用。

筹备工作完成后，爱迪生的研制工作正式启动了。

在上一年秋天曾进行过的关于电灯的实验中，爱迪生先后用过碳化纸、玉米芯等至少50种材料进行实验，结果都失败了。最终爱迪生得出结论，要解决电灯的问题只有一种方法，就是电灯的电阻一定要高，散热一定要慢。

不过，爱迪生始终对"炭"这种物质"情有独钟"。他的直觉告诉他，这应该是个突破点。于是，爱迪生让巴特勒用纤维和各种纸张制成了几十种碳化纸，并在这些纸的表面涂上灯黑和沥青的混合物后，将它们卷成毛衣针的形状，然后进行碳化处理。

但试验的结果表明，用这种材料制成的灯丝只能在真空中持续发光一两个小时。

一次次失败让试验举足不前。究竟什么样的材料才能让灯丝燃烧得更久一些呢？那些天，爱迪生的脑海中整天都萦绕着这个问题。只要见到细一点的东西，他就忍不住拿过来试验一下。

一直以来都翘首以待的公众渐渐对爱迪生失去了信心，他们似乎忘记了爱迪生不久前还用留声机给他们带来了前所未有的新奇体验。因此，质疑和批评声潮水一般地涌来，爱迪生电灯公司的股票也开始下跌，当时投资的伙伴也打起了退堂鼓。就连一向崇拜他的门罗实验室的同伴们，也渐渐对成功失去了信心，产生了消极的情绪。

周围的环境越不利，爱迪生的劲头就越足，他咬紧牙关坚持了下来。多年后，爱迪生在回忆这段艰难的日子时，感慨地说：

"电灯是我投入精力最多的一项发明，试验要求也是最高的。但我自己从未泄气过，也没有任何觉得发明会失败的想法。"

在公司的运营方面，幸好有精明能干的洛雷支持。在稳定投资方面，他可谓功不可没。洛雷以律师特有的雄辩口才，想出各种办法安抚投资者不安的情绪，说服他们继续支持爱迪生。在他的帮助下，很多重要的投资都没有撤回，从而解了爱迪生的不少后顾之忧。

（四）

失败也不是完全一无所获，聪明的人善于从各种失败中总结经验出来。在试验过的制作灯丝的金属中，铂似乎是最理想的一种。因此，在多种材料试验失败后，爱迪生转而进行铂和类似铂的金属的实验，因为这种材料符合电阻高、散热慢的要求。用它制成的灯丝燃烧的时间大大延长。爱迪生似乎看到了胜利的曙光。

当时制造的灯泡还被称作"燃烧器"。这种灯泡的灯丝是铂丝绕成的双螺旋，它们之间再加一根金属棒。当灯丝的热度接近铂丝的熔点时，金属棒便会膨胀造成短路，让灯丝温度降低。当铂丝冷却的同时，金属棒也冷却下来，于是电流再次通过。

这个办法虽然不错，但也有缺陷。因为在有一定电流通过时，铂丝发出的光很好；但如果电流通过太多，它就会熔化。

而且，电力供给也存在着困难。常见的直流发电机根本不适用于这种电灯。爱迪生先后购买了多种发电机，效果都不理想。为此，他决定再发明一种更适合的发电机。

这时，爱迪生的实验室里来了两位新的研究人员，他们成为爱迪生的得力助手。一位是对电学特别有兴趣的杰尔，另一位名叫法兰西斯·R·厄普顿，是普林斯顿大学的毕业生。

厄普顿可以说是门罗实验室中科学理论最扎实的人，他一开始就主管研究以前所有的电灯试验，并用计算出的数据证明了爱迪生的设想：电灯必须具有100欧姆以上的电阻，才能成为煤气灯的对手。

现在，爱迪生又让他去负责发电机的问题。厄普顿不负众望，成功地研制出了新型的发电机。

这个发电机可是个大家伙，有两根1米多高的铁柱，铁柱中间是一个绕着铜导线的空心旋转柱体。另外有一台蒸汽机带动发电机的旋转。大家给这台高大的发电机取名为"长腿玛丽"。

"长腿玛丽"的工作效率很高，比以往的发电机也都先进。它的研制成功，让爱迪生和助手们备受鼓舞。

接下来要解决的就是灯泡的真空问题。因为只有在真空的环境下，灯光才能更亮，灯丝的寿命也能更长。爱迪生为此特地聘请了一位来自德国的年轻人——吹玻璃工路德维格·波姆，让他负责维护和改进制玻璃灯泡的真空泵。

波姆的精湛技术得到了充分发挥，他不仅出色地完成了自己的任务，还制作出一些用于密封灯丝的玻璃灯泡。

现在，用铂做成的灯丝已经能够亮几个小时了，可无论用什么办法，都不能使铂的电阻达到爱迪生的要求。而且，铂是一种稀有金属，价格昂贵，所以就算能发现一个铂矿，这个难题也不能永久性地解决。

　　爱迪生还在不懈地进行着这一实验，试着更换各种不同的材料，制成许多不同直径、不同形状的灯丝。有些灯丝细得难以装进灯泡，有些只要一通电马上就会熔化。爱迪生还试制了一些复杂的灯具，其中有一种灯安装了电阻器，利用灯下面的一个小金属轮来控制灯光的强弱。这样一来，电流的强弱就可以随意改变了，既能让电灯发出微弱的暗红色，又能发出耀眼的光亮。

　　最终，爱迪生还是将注意力放到炭丝的实验上。一直以来，爱迪生都感觉炭丝是最理想的灯丝材料。当初之所以放弃了这种材料，是因为以前的真空度不够，炭丝熔化得太快。现在真空的难题解决了，铂丝也没有达到爱迪生的要求，那么不妨再用炭丝试一试。

　　主意打定，爱迪生马上继续进行碳化灯丝的试制，对各种碳化的软纸、钓鱼线、棉线等制成的灯丝先后进行了尝试。

　　经过了几个昼夜的辛苦实验后，一天半夜时分，爱迪生与助手巴特勒终于将用碳化棉线制成的灯丝小心翼翼地装入了电灯泡中，然后抽空灯泡里的空气，电路随之接通，灯丝开始发出微弱的光亮。随着电流的加强，光亮逐渐加亮。直到最后，它的光已经抵得上30根蜡烛的光了！

　　爱迪生密切地注视着这盏灯，心中默默地祈祷着，希望它可以亮得时间长一些、再长一些。从凌晨到清早，从清早又到夜幕四合，这盏灯顽强地亮了整整15个小时！而且最让人兴奋的是，它的电阻完全符合要求。

　　爱迪生和助手们又一口气制作了一根纯度更高的碳化棉线，这一次，电灯竟然亮了40个小时！这一次，爱迪生欣喜若狂地向大家宣布：

　　"我们已经找到了方向！用不了多久，我们就能让灯泡持续亮上100个小时！"

第十二章　为人类带来光明

不下决心培养思考的人，便失去了生活中的最大乐趣。

——爱迪生

（一）

1879年11月1日，爱迪生为他的以碳化物为原材料的碳丝电灯申请了专利。当然，爱迪生并没有因此而陶醉在暂时的胜利之中，随后的几周内，他和所有助手们都鼓足干劲，投入到制造灯泡的工作当中，不断改变灯泡的尺寸和形状，不断变换引入灯丝和密封灯丝的方法等。

直到12月底，爱迪生才公开宣布他的灯泡实验大获成功的消息。为了利用媒体对灯泡进行详细的介绍与宣传，他请来了《纽约先驱报》的记者马歇尔·福克斯，允许他随意参观自己的实验室，并随意提出问题。

12月21日，福克斯发表了他的关于爱迪生发明电灯的报道，震撼了世界。整篇文章占据了一个整版，还在次版占了一栏，大小标题共有11个，详细地介绍了爱迪生研制白炽灯的曲折过程，并对白炽灯进行了充满感情的描绘，形容灯光"就像意大利秋天温和的落日"，灯泡则是"一个能发出阳光的小球，一盏令人肃然起敬的阿拉丁神灯"等等。

同时，爱迪生也让助手们小批量地制作了一批灯泡，悬挂在实验室和门罗公园的道路两旁，还在自己和巴特勒的家中以及附近的旅馆中安装上了电灯。然后，他让工人竖起电线杆，将这些电灯都连接在一起。

夜幕降临后，爱迪生一声令下，发电机开始工作，所有的电灯同时点亮了。门罗公园瞬间就变得灯光璀璨。附近的居民都被这幕奇特的情景惊呆了，纷纷涌来观看。不一会儿，门罗公园就聚集了一大群人，大家睁大眼睛，惊奇地仰望着明亮的灯泡，啧啧称奇。整个门罗公园就像迎来了一场盛大的节日盛典。

1880年的新年除夕，门罗公园就是用这种神奇的新光源来照明的。从圣诞节到新年的这一周时间里，人们成群结队地前往门罗公园，去观赏爱迪生发明的"奇迹之光"。

这注定是个不平凡的除夕，在1879年最后一个寒冷的、大雪纷飞的晚上，宾夕法尼亚铁路公司的火车载了3000多人来到门罗公园。这些来自纽约和费城的参观者有银行家、资本家、游客，还有急于做生意的代理人，甚至还有很多是农民、工人以及各种体力劳动者。

火车到站后，爱迪生开动发电机，将40盏白炽灯全部点亮，一个个灯泡就像金色的花朵一般，将黑夜的雪地照得晶莹透亮。

从火车上下来的人，一个个被眼前的情景惊得目瞪口呆。使他们惊讶的不仅仅是这些灯本身，更多的是这些竟然能随时开关。这是他们从未见过的最神奇的东西，是爱迪生再一次给他们带来的惊喜，他们都为历史上的这一伟大发明而赞叹不已！

一位当地的老人给这些灯丝取了一个有趣的绰号——"烧红了的发夹"。他喃喃地说：

"看起来真是漂亮，可我就是死也弄不清楚，那些烧红了的发夹是怎样装入那个玻璃瓶子里面去的。"

伽利略曾说过："光是唯一来自其他星球的信使。"

而现在，1880年新年这个不平凡的夜晚，爱迪生却用他所发明的一种神奇的发光体照亮了整个门罗公园，也第一次照亮了人类的生活。在以后的几天当中，各种报纸都纷纷刊载爱迪生的这一伟大的发明。

（二）

《纽约先驱报》的报道就像把一块巨石投入到平静的湖水中一样，整个世界都为之震动了。刚刚过完新年，几个有头有脸的人就不请自来，出现在门罗公园。他们是《泰晤士报》驻纽约的记者、《费城大众记事报》副主编和费城地方电报公司的总裁。这几个人对爱迪生发明的灯泡一直都持怀疑态度。

虽然来者不善，但爱迪生还是以礼相待。他不动声色地带领几位来访者到他们的实验室参观，并详细地讲解了实验过程。对来客们提出的种种刁钻问题，他也都一一耐心给予解答。

天色渐渐暗了下来，爱迪生心中暗想：好戏马上就要开场了。

果然，当他招呼几位客人到门罗公园的小饭店坐下来后，餐桌上方忽然亮起的电灯让客人目瞪口呆。在明亮的灯光下，几个人心情复杂地吃完了晚饭。

随后，《泰晤士报》的记者便迫不及待地借用了爱迪生的办公室，他要马上给报社撰写一篇报道。他在文中是这样写的：

有一位"大言不惭"的专家，曾在报纸上自信满满地声称："不论爱迪生有多少电灯，只要有一只寿命超过20分钟，我就愿意付100美元。而且，有多少，我就买多少。"我永远忘不了当爱迪生看到这段话时脸上浮现出来的得意的笑容。因为后来这个专家来到门罗公园，被告知他所看到的灯泡已经连续工作了3天。而他，只待了20分钟就匆匆地离开了。

事实胜于雄辩。一向对爱迪生不以为然的反对者们在面对事实时，不得不改变自己的态度。

在1880年的新年伊始，还有一位不同凡俗的人物来到了爱迪生的实验室。这个人的身份可非同一般，他就是俄勒冈铁路和航海公司的总裁亨利·威拉德。他向爱迪生说出了自己的想法，就是想请爱迪生为自己在纽约港口的新船哥伦比亚号安装一个照明系统。

爱迪生设想了一下，一艘灯火通明的巨轮进出于各大港口，所到之处必然会引起轰动，因此这将是一个效果极佳的宣传方法。因此，他欣然答应，安排厄普顿亲自负责这个项目。

几个月后，4台"长腿玛丽"发电机和150多盏灯安装完毕。1880年5月9日，哥伦比亚号启程远航。船每到一个港口，都会在当地引起轰动，人们纷纷赶来，欣赏这艘灯光闪烁的大船，发出阵阵赞叹和惊呼。

哥伦比亚号的成功，让爱迪生看到了电灯广阔的前景。因此，他对组建大规模城市照明系统的设想更加有信心了，而且立即开始付诸实施。他将工作的队伍扩大到60多人，还收购了附近的一家旧工厂。

为了让灯泡适应大批量的生产和使用要求，爱迪生仍然坚持不懈地对灯泡、真空泵和灯座等各个部件进行了改进。而对灯泡的改进，则是爱迪生主要的攻关内容。在1879年年末，灯泡还是带有长颈的圆形，灯丝直伸到最里端，铂制的穿入线被封在里端的顶部，灯泡的顶点是尖的。

几个月后，爱迪生通过加大灯泡的尺寸来提高灯泡的亮度。后来，他又在灯泡连接处使用了一种德国玻璃，以便灯泡可以得到更好的密封。不久，他又放弃了这种做法，灯泡的形状也再次发生了改变。

这年夏天，爱迪生在无意中发现，妻子玛丽用的竹柄扇子上的竹丝进行碳化后，放入灯泡内，灯泡的发光效果比以前任何用过的材料都要好。

爱迪生万分欣喜。他决定，一定要找到世界上最好的竹子来做电灯的灯丝。

于是，爱迪生详细地调查了有关竹子的材料，目前已知的竹子有1200多种，他准备把1200多种竹子全部拿来实验。由此可见爱迪生的毅力和魄力的确不同凡响。

爱迪生从研究所的人员中选出20人组成了调查队，并准备了10万美元的费用，让他们前往世界各地的国家和地区，去详细了解竹子的有关情况。而爱迪生本人也前往西印度群岛的牙买加岛，拿回各种竹子进行实验。

爱迪生与研究人员历尽千辛万苦，从世界各地采集来6000多种竹子，最后选定了一种最合适的日本竹子，并与日本农户签订了购销合同。原材料得到了有效保证，竹制灯丝也立即进行了投产。用这种材料制成的灯丝，可以持续1000多个小时，真正延长了灯泡的寿命。

但是，爱迪生的追求是永无止境的，他对竹子做的灯芯依然不满意。于是，爱迪生又发明了一种化学纤维代替竹灯芯，将灯泡质量又提高了一步。再后来，爱迪生又将实验工作重新转向耐热的金属方面，最后才改用钨来做灯丝。

从此，电灯的发光效率比以前增加了3倍，使用范围也空前扩大，逐渐遍及了全世界。

（三）

灯丝的问题解决后，接下来就是给照明系统供电的问题了。在门罗公园小范围内进行照明时，爱迪生使用的是高架电线，但这种电线不能满足大范围的通电照明。因此，爱迪生便提出了铺设地下电缆的方法。但这样做的前提，是需要找到一种保护电线、防止漏电的绝缘材料。

这时，门罗实验室的优势再次得到了发挥，爱迪生调动手下的所有助手，再一次查遍了几乎所有关于绝缘材料的资料，然后充分利用各种设备，将每种可能适用的材料都进行了试验。

最终，研究人员发现，最好的绝缘"配方"是在氧化亚麻籽油中渗入石蜡，再加入一点蜂蜡，然后放入沥青中煮沸，直至成为胶状液态。

技术上已经做好了充分的准备，爱迪生接下来要做的，就是在城市中推广他的照明系统了。

1880年10月1日，世界上第一座生产白炽灯的工厂在门罗公园开始生产了。但人们对白炽灯的需求日益增长，让爱迪生不得不考虑将工厂迁到其他地区以扩大生产规模。

于是，1881年，爱迪生在新泽西州的哈里森城建立了一座新的大型工厂，名为"爱迪生灯泡厂"。这个工厂主要生产的类型是16支烛光的灯泡，也小量生产8支烛光的灯泡，而光度超过16支烛光（甚至达到150支烛光）的灯泡也有少量生产。

不过，哈里森工厂生产灯泡的技术最初是相当原始的，其工序都是很繁重的手工操作，所以灯泡的产量较少，而且成本较高。当时第一批生产出来的灯泡，每只成本约为1.25美元。随着工艺的改进，每只成本又降到1.10美元。

然而，爱迪生却规定每只灯泡售价为40美分，以便广大用户都买得起。这就意味着，每卖出一只灯泡，工厂就要亏损70美分。第一年工厂共卖出2万多只灯泡，这可不是小数目，亏损的自然也不少。难道爱迪生愿意做亏本的买卖？

当然不是，爱迪生可不是傻子，他头脑精明、有远见、有魄力。他是这样想的：灯泡的售价开始要低于成本，而且这个价格要保持多年不变，但以后随着工艺的改进，灯泡的成本定会大大降低，这时仍以当初的价格出售，自然会获得利润，而这些利润足以抵偿以前的亏损。

而事实也的确如爱迪生所预测的这样。1882年，工厂制造了约10万只灯泡，此时每只灯泡的成本已经降到70美分，而售价还是40美分未变，但生产规模扩大了，所以爱迪生在这一年的亏损更多。

第三年，许多手工工序都被机器所替代，工艺大大改进，生产成本降到了每只灯泡50美分，但制造和出售的灯泡数量迅速地增多，于是工厂的年亏损额又增加了。

但到了第四年，每只灯泡的生产成本降到了37美分，此时的出售价格还是40美分，每卖一只灯泡可以赚到3美分了。所以在这一年，爱迪生工厂的收入完全弥补了前三年的亏损。

此后的第五年，成本降到22美分，而灯泡的年产量超过了100万只，在出售价格依然是40美分的情况下，爱迪生的工厂就能从出售灯泡中获得一年比一年多的利润。

在美国的灯泡生产开始发展的同时，爱迪生的思想开始向欧洲各国传播。在未弄清爱迪生灯泡及其照明系统的本质和优点以前，许多欧洲电工学家对他的研究工作抱着怀疑的态度。然而在1881年的博览会上，爱迪生成功地演示了自己的灯泡。自此，在欧洲成立电站的建议也迅速发展起来。

此后，爱迪生又马上建议德国柏林的西门子—哈尔斯公司向他购买许可证，以便能按照他的专利许可证生产灯泡。但西门子谢绝了爱迪生的建议。

1882年，爱迪生又在巴黎附近的伊夫里开办了一座制造电机、照明器材和白炽灯的工厂，灯泡日产量最初为500只。

由于西门子拒绝购买爱迪生的灯泡专利许可证，爱迪生就将整个西欧使用灯泡的权利让给了"巴黎爱迪生欧洲大陆公司"。埃米利·拉杰恩从该公司购买了在德国使用爱迪生灯泡专利特许证的权利，并于1883年组织成立了"德国爱迪生通用电气公司"。

一天，爱迪生正在实验室里工作，他递给助手一个没上灯口的空玻璃灯泡，说："你量量灯泡的容量。"然后又低头工作去了。

　　过了好半天，他问："容量多少？"助手没回答。他转头一看，助手正拿着软尺在测量灯泡的周长、斜度，并拿已测得的数字伏在桌上计算。爱迪生走过来，拿起那个空灯泡，向里面斟满了水，交给助手，说："把里面的水倒在量杯里，然后马上告诉我它的容量。"助手目瞪口呆，立刻读出了灯泡的容量数字。

第十三章　群星掩映下的"电力机车"

无论何时，不管怎样，我也绝不允许自己有一点灰心丧气。

——爱迪生

（一）

1878年时，爱迪生曾与家人一起到怀俄明州去观赏日全食，他想在天文观察中使用他所发明的"测微温湿计"。观测的地点是在美国的西部，离铁路干线320千米处的谷物种植区。

在那里，爱迪生看到，农民们用畜力车将粮食运到铁路旁边，再装上火车。这样不仅运费高，劳动也复杂，需要大量的畜力运输，需要更换马匹和供马匹休息的中间站，还需要饲料仓库和大批的服务人员。爱迪生萌发了一个想法，就是修建一条通往铁路干线的电气化货运电车道。

爱迪生认为，如果能够修建一条电气化运输道，就不需要电车司机，而是由沿线的各站自动操纵。在这种情况下，经营费用就会缩小到最低限度。

为了实现自己的这一设想，1880年，爱迪生就在门罗公园建筑了长为0.56千米的电气化线路实验地段，将小型钢轨固定铺在间隔约1

米的枕木上，线路路基是在硬土地上，线路的起点在工厂附近，并沿着马路一直北延。

在这条实验线路上，由安装在工厂中的爱迪生Z型（75安培×100伏特）电机作为发电机负责供电。发电机的两极，是通过地下绝缘导线与两条钢轨连接在一起的。其中的一条钢轨用作直通机车头的直输线，另外一条钢轨则为回线。这种没有采取任何专门措施令钢轨与地面绝缘的设施虽然不完善，但漏电却并不多。

机车是个四轮车，车的上面安装的也是一样的Z型电机，用以作为发动机。这个电机被平放着（该型号电机外形尺寸较高）。电枢轴上装有一个摩擦传动轮，这个摩擦传动轮在旋转时，可以将力传给另外一个传动轮。而这个传动轮在旋转时就可以带动车子的轮轴。

此外，电枢轴上还装有第三个轮，这个轮通过杠杆与第一个传动轮或第二个传动轮发生摩擦接触。车的轮子是用木材制的，轮毂装有金属衬套，轮的外缘装有厚实的金属轮圈。轮毂是用三根金属辐条与轮圈连接起来的，整流电刷紧靠着轮毂。所有四个轮子都是这样装置的：电流从带有正电的钢轨进入车轮，经电刷传给电动机，从电动机那里经过其他两个馈电刷和车轮，再传到另一条作为电流回线的钢轨上面。

这个电气机车的外观虽然不算完美，但无论如何，这是美国的第一辆电气车。1880年底，爱迪生提出了电气机车系统的第一份专利申请。

爱迪生对电气化铁路充满了信心，他亲自试车，除了欣赏这种特殊的乐趣外，主要是想让电气化铁路成为现实。他的目标是：让电力火车为社会服务，不仅要为中西部的粮食种植者们解决运输问题，还要在更大范围内取代蒸汽机车。

开始时，并没有人对爱迪生的电气机车感兴趣。许多铁路资本家认为，电气机车就是浪费金钱，根本没什么实用价值。公众中了解电力的人也不多，即使有人知道，也不能估计出它的巨大潜力。一些与电力发展相关的方面甚至对爱迪生的行为冷嘲热讽。

但不管怎么说，爱迪生的电气机车接近成功了。在试车后，爱迪生发明电车的事很快就传遍各地，每天都有人前来参观。

爱迪生在自己的铁轨上不断对机车的性能进行改良，但此时电灯系统的完善工作占去了他越来越多的时间，所以在电气机车方面直到1881年才逐渐迈出第二步。

在这一阶段，爱迪生设计了两台大型的电气机车，客车的最高时速可达96千米，能载客90人。研究所四周的轨道延长到3千米，并有错车道和转撤器等这类与实际铁路相同的设备。

门罗公园实验室的试验性电气化铁路，在1880年的一整年和1881年的部分时间里都运行着。这个试验让铁路公司开始感兴趣起来，美国卓越的铁路活动家，北太平洋公司总裁亨利·威拉德在1881年9月与爱迪生签下了下列协议：

> 爱迪生在门罗公园建筑一条长为4千米的电气化铁路，并为该铁路建造三种类型的车厢和两台机车，一台为客运机车，一台为货运机车，并保证列车运行时有一定的速度，尤其是规定电力牵引客车的时速应达到每小时96千米。

威拉德还提出了一个经济性的补充条件：用电气化铁路进行运输的费用比当时用蒸汽牵引进行货运的运价低。假如爱迪生按照这项协定制造出的设备获得良好的效果，那么威拉德就准备将在国家一些产粮区最少有80千米长的铁路区段电气化工程交给爱迪生来承办。

（二）

1881年秋，在门罗公园建筑新的电气化路线工程开始施工，并于1882年建成备用。这条铁路修得比1880年的第一个试验区更为完善，线路几乎笔直，道碴铺得也像铁路通常铺得那么厚。钢轨与枕木之间的绝缘性能也比第一次更可靠，是用沿线铺设的专门的地下电缆来供电的。预先制造的机车，是为了能在铁路建筑中运送材料。货运电力机车能牵引6~8节平板车或车厢。

与1880年刚刚设计的机车不同，当时的机车事实上只能算是一个能使用的模型。新的机车有一个司机室，前面有格条护板和照明探照灯。也就是说，新机车采用了蒸汽机车上的某些东西，因为电力机车和蒸汽机车的使用情况在某些方面是相同的。控制器是安装在驾驶室内司机的座位下面，电动机与轮轴间有皮带传动。客运电力机车的自重为5吨，货运电车机车的自重为10吨。

试验进行得很顺利，但不幸的是，威拉德就在这个时候忽然破产了，北太平洋铁路公司也被转让给他人，所以爱迪生的计划也没有实现。

威拉德虽然破产了，但他却仍然跑到门罗公园对爱迪生说：

"我与您签订的协议我一定会遵守的，您的研究费用我也一定会付给您的。"

"威拉德先生，协议书我们就当没签订好了，但您的友情，我会牢记于心的。不管怎么说，我还是感谢您的鼓励，由于您的帮助，我的电车才能得以发展到目前的程度。现在，威拉德先生，您应该设法让自己重新站起来。"爱迪生安慰威拉德说。

10年后，威拉德重新回到北太平洋铁路公司。他并未忘记与爱迪生的约定，向爱迪生提出关于西部山岳地区铁路电气化的计划。

但是，因威拉德破产后一直无法继续支援爱迪生的研究，爱迪生已于1882年6月19日接受了在瑞士建筑电气化铁路的工程。

在爱迪生研制铁路电力牵引系统期间，他的助手是弗兰克·贾利延·斯普拉格。这个人曾在1881—1882年间在欧洲参加电工技术展览会，然后由爱迪生在伦敦的代表约翰逊将他引进到门罗公园实验室工作。

斯普拉格在爱迪生那里主要研究运输电气化问题，尤其是研究发电机的传动和牵引装置。两年后，斯普拉格就成了这方面的专家，他决定离开门罗公园，独立完成把电用于传动和牵引方面的发明。随后，他制造出了一台非常好的直流电动机，这种电动机由爱迪生公司接受进行生产。电动车辆和电车上的两台发动机并联系统，就是由斯普拉格发明的。根据斯普拉格的设计，在美国的里士满制造了美国的第一辆电车，并使市里的桥架铁路都使用了电力牵引。

电车和电气化铁路的发展是在19世纪80年代的后5年开始的，尤其是90年代初期，许多商行，包括埃克梅耶尔和岳克尔谢工厂、威斯汀豪斯工厂、汤姆生—胡斯顿工厂及其他工厂等，都开始生产电气牵引装置设备。在欧洲，德国柏林的西门子—哈尔斯克商行在这次表现得十分积极。从1892年起，爱迪生公司就与其他许多工业行会合并，从而成为现在仍然享有世界声誉的"通用电器公司"。

（三）

爱迪生虽然发明了电气机车，但这一发明却不如他的电话、电灯和留声机等发明那样出名，为什么会这样呢？

原因在于，当爱迪生热衷于研究电车的同时，还有一位名叫费尔德的美国人从事同样的研究。一些资本家们为了让电车事业化、集团化，便积极地促使爱迪生与费尔德两人就专利特许权进行合作，于1883年以200万美元的注册资金成立了"美国电气铁路公司"。

几个月后，爱迪生与费尔德共同铺设了一条供表演用的铁路，地点就设在美国芝加哥博览会的大厅。

在6月5日到18日这十几天的展览期间，爱迪生的改良电车获得了很高的评价。列车被命名为"法官号"，共有3根铁轨，由中间的一根向列车输入电流，两边的两根用作回流电路。电车每次可乘坐20名乘客。

据当时的《电力世界》报道，这辆列车的运转性能"胜过这个国家境内的任何一辆蒸汽机车"。在博览会结束之前，这辆车共计运行了750千米，载客2.6万人次。《电力世界》指出：

"我们有充分的理由相信，在不久的将来，马车与蒸汽机车将被它所取代。它将拖着车辆跋山涉水，既无马蹄的响声，也没有蒸汽机的噪音。"

展览结束后，电气铁路被从芝加哥转移到路易斯维尔。路易斯维尔的《快报》上为此曾描写道：

"这种电气火车是没有烟火的。它被一种看不见，甚至不知究竟为何物的原动力所驱策，在铁轨上平稳而快捷地行使着，既安全，又实用。"

此时对于爱迪生来说，电力机车的研究已经距离成功不远了，反而电气铁路却并没有积极采用，这是为什么呢？

这其中的原因颇多，按照爱迪生的话说就是：

"我之所以失败，是因为我不能再继续干下去了，我没有时间，这里需要我做的事情太多了！尤其是涉及电灯方面的工作。"

事实上，这也只是其中的一个原因，但却不是主要原因。主要原因是马车已经有50多年的历史了，"直到1890年之后，曾经作为大城市的运输工具的马车才逐渐消失。但就个别旅行来说，轻便的马车依然是主要的旅行工具。至少从当时的水平来看，它还不是一种蹩脚的运输工具。而当时的人们对这种运输的看法与现在一般人恰好相反，1900年以前的四轮马车其实是相当时髦和舒适的"。

由此可见，如果当时就采用电车旅行或运输，那么马车势必会遭到淘汰，但在一些大城市中，有很多人是喜欢马车的，那么他们自然就会反对电车，以致电车很难得到大范围的发展。

几年以后，"纽约中央公司"宣布成立，才最终决定采用电力机车。而这个时候，爱迪生正在研究再次震惊世界的有声电影。此时的爱迪生虽然已无暇顾及电气铁路技术的发展，但对于运输电气化来说，爱迪生依然是功不可没的，他是将制造电力牵引力的设想变为现实的第一人。

此后，随着电力照明系统的发展与完善，在各个工业部门当中，电动机逐渐取代了蒸汽机。在1880年时，美国还在依靠蒸汽机；而到了1900年，电力已经成为动力的一个来源，电力已达30万马力。到1914年，电力进一步增加到900万马力，成为动力来源的一个主要方面。

电力的出现，节省了大批的人力和物力，改善了操作环境，降低了劳动强度，提高了生产效率，从而引起了社会生产的重大变革。到19世纪后期，美国的电力工业发展已经超过了老牌的资本主义国家英国。《物理学与技术史》一书的作者在论述"电气化的产生"时指出：

"电能为工业和交通运输业提供了能量。电气化解决了能量的输送和拖动问题，从而在机械化和自动化的基础上对国民经济和它的技术产生了决定性的影响，使生产力得到了飞速的增长，就其后果来说，并不亚于工业革命。"

　　爱迪生的耳朵虽然不太好，可他对音乐却有着极其灵敏的感觉，一般人听不出来的错误，他都能清楚地辨别出来，如果遇到太差的女歌手，他就毫不客气地挖苦说："这像什么？如果你想赶走壕沟里的德国兵，最好就放这张唱片吧！"

第十四章 西奥兰治研究所

虽然我们总是叹息生命的短促，但我们却在每个阶段都盼望它的终结。儿童时期盼望成年，成年盼望成家，之后又想发财，继之又希望获得名誉地位，最后又想归隐。

——爱迪生

（一）

1884年，爱迪生37岁。这一年对爱迪生来说，是他十分悲伤的一年。

这年的夏天，妻子玛丽不幸染上了伤寒。在当时，这是一种非常危险的疾病。但起初玛丽只是以为受了点凉，吃点药就好了。爱迪生这个时候正在纽约奋战，没有回来照顾她，玛丽的妹妹爱丽丝每天陪伴在她的身边。

然而不久后，玛丽的病情恶化，爱迪生获悉后马上奔回门罗公园实验室，陪着妻子度过了最后的几天时光。

守候在饱受病痛折磨的妻子身边，望着她那憔悴不堪的脸，再回想起她当年那面色红润、娇羞可爱的模样，爱迪生心如刀绞。此时的爱迪生才深刻地感受到，自己这么多年都全身心地扑在发明创造上，却忽略了对妻子和孩子的关爱。

可是，一切都太晚了，上帝没有再给爱迪生弥补的机会。1884年8月9日凌晨，玛丽去世了。

爱迪生在家中为玛丽举行了葬礼，随后将棺柩运到一个小车站，由火车将她的遗体送到了她儿时的故乡纽约克。玛丽被安葬在纽约克快乐山的墓地中，墓地的周围堆满了圣洁的鲜花。

妻子的离世，让爱迪生沉浸在痛苦之中无法自拔。他常常一个人透过窗户望着远方，回忆与玛丽在一起的日子。玛丽虽然没有什么出众的才华，但却是一位典型的贤妻良母，她从未对爱迪生提出过任何要求，只是深深地爱着她的丈夫，无微不至地照顾着丈夫和孩子们的生活，让丈夫可以全身心地投入到他热爱的事业当中去。

一想到这些，爱迪生就愧疚万分，后悔自己为什么没有多陪陪自己的妻子。现在，玛丽走了，给他留下的除了深深的悲痛外，还有三个年幼的孩子：11岁的女儿多特，8岁的长子小阿尔瓦和6岁的次子威廉·莱斯。

爱迪生把孩子们送到纽约，托外祖母照顾他们。曾经带给爱迪生无数辉煌和荣耀的门罗公园，现在给予他的却只有悲伤的回忆。于是，爱迪生将那里的设备、药品和仪器等统统搬了出来，将门罗公园实验室彻底舍弃了。

玛丽的谢世，让爱迪生感到了从未有过的孤独，然而他却不得不继续工作。除了有很多工作未完成外，他也想通过忘我的工作来转移注意力，忘掉那些沉痛的悲伤。

在这期间，爱迪生除了发明"爱迪生作用灯泡"外，1885年，他还利用"爱迪生作用灯泡"发明了利用电波通讯的"无线电"，可以与4千米外的海上船只或行驶中的火车通讯。

当然，这两项发明的专利权也归爱迪生了。通常人们认为无线电是由意大利的马可尼发明的，其实马可尼发明的无线电要比爱迪生晚11年之久，也就是在1896年发明的。

自从妻子去世后，爱迪生一直过着寂寞单调的生活。朋友们都不忍心他这样孤独地生活着，于是主动为他物色合适的伴侣。而最终促成好事的，是埃兹拉·基里兰德太太。基里兰德是爱迪生以前在波士顿担任电讯技师时认识的好友，多年来他们一直保持着亲密的友谊。

1885年5月的一天，爱迪生应邀到基里兰德家中。在那里，他遇到了年轻漂亮的米娜·米勒，俄亥俄州亚克朗的路易斯·米勒的女儿。

米娜当时只有18岁，而爱迪生已经38岁了。虽然这位世界闻名的发明家比她年长20岁，但由于他的稚气和单纯的性格，两人间的年龄差别并不算太明显。

米娜是个禀赋不凡且又文雅的女子，有人形容她是"一个有着皮肤褐色和黑色头发的美丽女子"。根据《亚克朗时报》的报道，米娜"深谙家务、艺术，做派端庄，性情慈善，喜好教育工作"。

两人初次见面时，米娜面对这位大名鼎鼎的发明家还显得有些局促，但很快就被爱迪生优雅的举止和风趣的谈吐所吸引；而爱迪生对这位年轻美丽、聪慧机灵的少女几乎是一见钟情，爱情之火再一次在他的心中点燃。他毫不犹豫地向米娜展开了爱情攻势。

1885年秋季来临的时候，米娜答应了爱迪生的求婚。

1886年2月24日，爱迪生与米娜举行了隆重的婚礼。然后，两人到佛罗里达州度蜜月。在蜜月期间，爱迪生也没有光顾享受新婚的快乐，他在佛罗里达建立了一座有机床、发动机和化学设备的工厂。

结婚后，爱迪生在距离纽约60千米外新泽西州奥兰治的富人区买下了一座漂亮的别墅，举家迁居在这里。这以后，爱迪生又有了一个像样的、温暖的家。从那时起，一直到爱迪生去世的50年间，种种发明都是在这里完成的。

<h1 style="text-align:center">（二）</h1>

米娜的到来，重新燃起了爱迪生生活的激情，同时也让他再次点燃了发明创造的智慧火花。在米娜的悉心照顾和关怀下，爱迪生逐渐走出了失去玛丽的痛苦，重新将精力投入到工作当中。

1887年，爱迪生在奥兰治别墅的附近建造了一座比门罗公园更加完善的研究所，将他的实验器材和实验工厂从门罗公园统统迁到奥兰治。这次搬迁，爱迪生是明确地带着一个伟大的目标的——在西奥兰治建立一个工业化发明的中心。

新研究所是一座长约80米、宽8米的长型三层楼建筑，另外还有4座长30米、宽6米的平房。中间的平房是一间很大的图书室，这里除了拥有6万册图书外，还有过去50年世界各国出版的科学杂志、报纸以及各大学所发表的各种研究论文。

爱迪生将这个新的实验基地称之为"发明工厂"。这一年，爱迪生刚好40岁，正是年富力强的时候。奥兰治的新生活开始以后，爱迪生便有了一个雄心勃勃的计划：从小规模开始，逐步扩大，直至在奥兰治谷地建立起一系列的工厂，由实验室提供定型的产品模型、样型，并为工厂安装必要的专用设备，生产那些投资少、效益高的商品，还有那些只卖给批发商和经销商等人的产品，再也不设计像电灯这样累赘的东西了。综合工厂将同时研制30～40种迥然不同的物品。

随着奥兰治实验室研究工作的开始，爱迪生的助手也不断增加，当时许多有知识、有才华的年轻人都慕名而来，他们大多数不仅仅只有丰富的专业知识，更重要的是具有像爱迪生那样从事过很多实验性工作的经验，并且能够吃苦耐劳。经过长时间的锻炼，他们后来几乎都成为像爱迪生那样的科学家了。奥兰治为他们提供的比门罗公园更加先进完备的设备和科学实验条件，从而让他们能够更加充分地发挥自己的才华。

爱迪生的实验室主要是为了解决当时新型电力工业提出的许多新课题。在这里，各种专业人才在爱迪生的领导之下，围绕着一系列问题进行着有组织、有计划的工作，有力地促进了科研工作的进展。可以说，这个实验室已经成为现代科学研究组织的雏形，此后，各种专门从事科学研究的机构陆续出现。

在当时，美国社会流行着科学发展的风气，而爱迪生又选了那么好的实验室作为科学研究基地，再加上有一群得力的助手和熟练的工作人员，可谓占据了天时、地利和人和。因此，在接下来的岁月当中，爱迪生的宏伟计划都一个个地得以实现。

在其后的20年当中，这里建立了一系列的公司，如国民留声机公司、爱迪生商业留声机公司、爱迪生留声机厂、爱迪生电池公司、爱迪生制造公司等等。正如一位评论家所说的那样，爱迪生"就像一个电气上帝一样，时刻都在思考着该地区的建设"。

（三）

在爱迪生的一生当中，留声机是他最喜欢的一项发明，因为留声机可以给人们留下美好的声音和回忆。所以，爱迪生一直都没有停止过对留声机的改进。在1888年的整个春天，爱迪生的工作重点都是围着留声机展开的。他经常连续几天几夜待着实验室中，对留声机的性能进行研究。

在贝尔电动留声机的基础之上，爱迪生又推出了新型的留声机。这种留声机是由电机驱动，录音转筒用的是实心的蜡筒。这就意味着，当表面的一层蜡被磨蚀得不能继续使用后，可以将其刮掉，然后继续在新的表面录音。

为此，爱迪生还专门开设了一家留声机工厂，工厂中心出产的留声机在性能上要远远超越10年前的产品。大西洋两岸的人们都在密切地关注着爱迪生留声机的每一步改进效果，而且也在不断地发掘着它的各种用途。

后来，人们逐渐意识到，留声机最具潜力的还是它的娱乐价值，而录制音乐则是其中最主要的功能。在1888年的亨德尔音乐节上，爱迪生首次进行了留声机音乐录放的表演。在音乐厅中竖起了一个特大的号状声音接收装置，将乐队演奏的亨德尔乐曲丝毫不差地录下来，并进行了完美的再现。

就在爱迪生准备将实验室的全部人力和物力都投入到录制音乐的生产上时，一场棘手的诉讼缠上了他。

原来，贝尔的电动留声机在研制成功后，美国声音记录公司已在市场上对它进行了推广。而爱迪生对留声机的再次研制和改进，威胁到了这家公司的销售。因此，该公司指控爱迪生的新机器与贝尔的机型设计相同，都使用了蚀刻蜡筒的录音方式和浮动唱针原理。这属于一种侵权行为。

形势对爱迪生似乎很不利，因为虽然他10年前就已经获得了留声机的专利，但当时的专利中描述的录音方法与现在已经大不相同。在匆忙之中，爱迪生没有找到足够的证据来反驳对方的指控。

幸好在最后关头，一位名叫杰赛·H·里皮科特的商人出资将双方的专利都购买下来，然后又授权给爱迪生继续生产这种机器。这样一来，才化解了这场纠纷。危机过后，留声机录音的订单纷至沓来，爱迪生的公司再次面对应接不暇的状态。

在1880年到1890年间，爱迪生从名人成为名家，而在80年代中期以前，爱迪生处于将电力设想化为现实的领导人物的地位始终没有受到任何挑战。

然而在1887年，有人提出了以交流电取代直流电的设想。但在交流电是否可行的问题上，爱迪生是倾向于采取直流电的。

不过，直流系统从诞生的那天开始，就存在着一定的缺陷。爱迪生的第一批发电厂是用直流电输送电力的，由于功率在电线摩擦中迅速耗损，以致发电厂输送电力的距离最远1.6千米。这样下去，除了大城市外，其他地方也许就得不到电力。而且，采取直流电输送的电力还需将电压局限在250伏之内，如果超过这个标准，灯丝就会烧毁，甚至危及用户的安全。

于是，有人就开始设想：是否可以将电压提高，以利于远距离输电，然后在输入用户或工厂之前，再将电压降下来？但用直流电，这点就无法实现；如果用交流电，电流就可沿着一个方向前进，达到高峰时调转方向，再次达到高峰时又调转方向，每秒钟多次调转方向，这就为改变电压提供了条件。

爱迪生在采用交流电的问题上始终持顽固保守的态度，因为他已经建立起自己的直流系统而不愿意改变它，而且他也没发现交流电系统为输电带来的节约因素。

交流电的实验是由奥匈帝国克罗地亚的一位名叫尼古拉·迪斯拉的

人首先完成的，他曾是爱迪生研究室的工作人员，但与爱迪生之间存在着一定的意见分歧。1888年，迪斯拉成功地建成了一个交流电电力传送系统。他设计的发电机比直流电发电机简单、灵便，而且变压器又能解决长途输电过程中固有的问题。利用变压器可将输入线路的电压提高，在送入用户或工厂之前，再将电压降下来。

这时爱迪生才意识到，交流电可以降低成本，这是无可怀疑的了。实践证明，交流电具备很多优点，其电动机结构也比较简单，重量较轻，而且供电稳定，还能够实现远距离输电。这对爱迪生利益集团产生了一定的冲击。

由于专利权及其他问题一再出现，爱迪生在时间和经济上都蒙受了巨大损失。一方面，到1900年为止，爱迪生的诉讼事务费用就花掉了200万美元；另一方面，爱迪生在诉讼和其他各种纠纷中还要不断接受律师的询问，既要查询过去的材料和报告，有时还要出庭作证，这让他花掉了很多宝贵的时间，同时也给他带来了沉重的负担，影响了他的正常工作和科学实验。

爱迪生渐渐发现，管理一个研究所或一个企业是件很复杂的事，单靠发明家已经不能胜任，还要依靠律师、金融家和推销商们的共同努力。爱迪生清楚地意识到，自己的工作重点必须转移。于是在他的倡导下，各公司进行了合并，于1888年底建立了一个统一的"爱迪生通用电气公司"。

随着该公司的成立，爱迪生将由他资助创建的新型工业的控制权大部分移交给别人管理，自己所得的报酬就是时间和金钱，因为这两样东西可以被他充分用于进行各种发明和实验。尤其是留声机的改进、有声电影的研究等方面，爱迪生打算再做更进一步的探索。

第十五章　对电影的研究

如果人们都能以同情、慈善，以人道的行径来剔除祸根，则人生的灾患便可消灭过半。

——爱迪生

（一）

1888年2月的一天，爱迪生像往常一样在实验室中埋头忙碌。秘书走到他面前通报说，有一位名叫埃德沃德·麦布里奇的客人来拜访他。

麦布里奇是当时的一位著名摄影师，他曾进行过一次特殊的试验，就是沿着跑马场的跑道架设了一连串的照相机，这些照相机的快门通过电线与铺设在跑道上的木板相互连接。当奔跑的马一踏上木板，照相机的快门就会被打开。这样，照相机就可以连续拍下马在奔跑时的照片。

麦布里奇将所有的相片放在一起，投射到屏幕上后，意想不到的情景出现了：一匹奔跑的骏马在屏幕中间起伏腾跃。如果再加上马蹄声和鼻孔不断地喷响，任何人都会认为眼前就是一匹有血有肉的骏马。

麦布里奇又用同样的方法拍下了其他动物和鸟类的动作，然后将它们装入一个他命名为"动物图像反映机"的装置上。接着，他就带着这台机器到美国各地进行表演。对于看惯了静止图片的人们来说，第一次看到动态的画面，其惊讶程度可想而知。而麦布里奇也因此一举成名。

这次，麦布里奇刚好来到奥兰治表演，当地的报纸对他进行了连篇报道。当爱迪生看到关于麦布里奇的介绍后，若有所思地对同事们说：

"可不要小看这个动物图像反映机，这里可是大有文章可做的！"

没想到，现在麦布里奇主动前来拜访爱迪生了。原来，麦布里奇也十分钦佩爱迪生的发明才能，这次前来，就是希望可以与爱迪生商谈一下，看是否能将自己的机器与爱迪生的留声机结合起来使用，创造出更好的影像效果来。

麦布里奇的提议正好提醒了爱迪生。其实早在对留声机的改进过程中，爱迪生就曾萌生过这样的想法：是否能够发明一种机器，可以像留声机给耳朵带来愉悦的感受一样，也能为眼睛带来快乐？而现在，麦布里奇将自己的想法说给爱迪生听，让爱迪生原本朦胧的设想一下子变得清晰起来。

虽然麦布里奇拍摄出来的影像能给人们带来前所未有的视觉震撼，但他的拍摄方法却十分繁琐。仅为拍摄马在一分钟内的奔跑，就需要在跑道上沿线架设720架照相机。而且，这样拍出来的照片，马匹都是在照片中的相同位置。虽然连贯看，马匹的腿是在运动的，但马的躯体看上去却并没有移动位置，只是背景在向后飞掠而已。

这时，街头的一种"转盘画"的游戏设备提醒了爱迪生。这种设备就是利用人的视觉暂留的原理，预先将一些差异很小的图片贴在转筒上面。当转筒旋转起来后，人们就能看到一组连续活动的图像了。

爱迪生仔细地研究这种装置，最后得出结论：只要能够制造出一架可以在一秒钟内拍摄几十次的照相机，拍摄后再以同样的速度进行放映，就可以重现当时的活动画面了。

爱迪生的助手劳利·迪克森是个热心的摄影爱好者，所以爱迪生就将这个项目交给他来具体负责，让他设计出一架拍摄活动目标的照相机，并对他进行了具体的指导。

当时，各种照相机的差别都不大，但仍可以挑选最适合这一项目的类型。1888年初，迪克森依照所选用的相机拍摄了许多活动目标的照片，而且每个"画面"的尺寸都不超过1/16平方英寸（约为1.6×1.6毫米）。这样拍摄出来的画面总和应构成所拍摄物体动作的一个完整过程。

不过，迪克森的解决方法并没有让爱迪生感到满意，他又提出了一个新的任务：用快速拍照的方法来进行连续拍摄，这样就能获得大量图像，并通过利用视觉惯性现象的装置来观看这些图像。

尽管试验还处于初级阶段，但爱迪生还是在当年秋天向专利局提交了一份预先通知，告诉对方，他正在研制一种取名为"活动电影放映机"的新设备。

可是，爱迪生的助手们又被一个难题挡住了前进的步伐，那就是现有的胶片感光度太低，拍出来的图像模糊不清。而麦布里奇使用的干板术虽然感光较好，但底片颗粒太过粗大。一旦将底片放大，画面就变得粗糙模糊了。

这个难题一直到1889年才出现转机。这年的5月，美国人乔治·伊斯特曼推出了以赛璐珞为原料的照相胶片。爱迪生闻讯后，马上写信给伊斯特曼，请求他为自己提供一批新型的胶片。

伊斯特曼答应了爱迪生的请求。当胶片送到爱迪生面前时，爱迪生兴奋地对助手们说：

"就是它！这才是正宗货！伙计们，该加油干了！"

（二）

1889年夏天，爱迪生接到了法国政府的邀请函，请他参加此次世界博览会。但爱迪生却不希望离开研究所太久，浪费宝贵的时间。妻子米娜却开导他说：

"旅行也是一种增长知识的好机会，再说你参加的是世界博览会，可以去那里见识一下世界上最先进的科学技术成果，何乐而不为呢？"

爱迪生觉得妻子说得很有道理，也许会场上可以遇到刺激自己的展品呢！

于是这年的8月3日，爱迪生偕夫人米娜和女儿多特一起乘船横渡大西洋，来到了浪漫之都巴黎。在大洋的彼岸，爱迪生受到了热烈的追捧和隆重的接待。

博览会上，爱迪生自然是当之无愧的业界骄子了，整个美国展览馆的展品有四分之一都出自爱迪生的公司。前来观展的人们无不在爱迪生的发明成果前面驻足不前，连连赞叹。

在法国，爱迪生所到之处更是受到至高无上的待遇，巴黎政府还特别赠送了一枚金质奖章给爱迪生，以表示对这位美国大发明家的崇高敬意。

著名的巴黎埃菲尔铁塔就是为纪念这次博览会而建造的。埃菲尔铁塔高达300米以上，是当时世界上最高的建筑物。在塔的底层，法国土木工程师学会特地为爱迪生举行了9000人的大宴会。请帖是由法国总统卡诺亲自签名的。

随后，爱迪生又被邀请到一家歌剧院观赏演出。在这里，法国总统特意将他请到自己的私人包厢，以示对爱迪生的重视和敬重……

不过，对爱迪生本人来说，此次出行最大的收获还是意外地获得了摄影机的设计灵感。

8月19日这天，爱迪生应邀参加了达盖尔公布摄影术50周年的庆祝宴会。在会上，爱迪生结识了法国摄影家艾迪安尼·朱尔斯·马雷博士。

马雷博士向爱迪生介绍说，自己设计了一种被称作"摄影枪"的新鲜玩意儿。这玩意儿是用一块圆形的玻璃片和一个圆形金属盘，盘上配有快门，使两个圆形呈相反方向旋转，用以摄影。

爱迪生一听，眼睛马上开始发亮了，他当即请求马雷博士让自己一睹为快。

随后，爱迪生参观了马雷博士的工作室，在那里还见识了一种连续显示相片的装置。这一切让爱迪生暗自吃惊，他没想到摄影技术上已经有人超前了这么多；同时他也暗自高兴，因为他从中找到了研究的正确方向。

此次巴黎之行，给爱迪生的电影设备研究工作带来了相当程度的推动。在返回美国的航船上，爱迪生画出了一张他所设想的摄影机草图。

此时，迪克森也在美国努力地工作着，并成功地制造出一台"电影记录器"。这种机器可以将几个动画形象地记录在一条短胶带上。同时，他还制作了一台观景器。这是一个盒子，人们向里面看时，可以看见画面在里面移动。这种观景器被称为"电影视镜"。

10月初，爱迪生回到奥兰治。这时，迪克森已经为他准备好了一个大大的惊喜，当爱迪生和女儿多特被迪克森神秘兮兮地拉到实验室的一个大厅里后，突然看到前面不远的墙壁上出现一个长方形的银幕，接着，银幕里走出一个人来。多特仔细一看，走出来的人竟然是迪克森叔叔，只见他煞有介事地说道：

"早上好，爱迪生先生，欢迎您回来。希望这台电影留声机能够让您满意。"

迪克森的话音刚落，爱迪生就带头鼓起掌来，高兴地说：

"小伙子，好样的！胜利女神已经在向我们招手了！"

接着，爱迪生向迪克森介绍了马雷博士的装置，并建议将马雷博士的技术和他们现在的研究成果结合起来，集中精力研究即将获得成功的"活动电影放映机"。

随后，爱迪生开始集中精力试验条形底片，这种底片爱迪生曾在马雷博士的工作室中看到过，它可以重叠起来。

这一年的年底，活动电影摄影机已经初具雏形。它的主要部件是锯齿边胶片。通过一台电动机的带动，摄影机用链轮齿拉动胶片通过镜头和快门，镜头在图像上聚焦，快门快速关闭。这样，摄影机就在每片胶片上拍下来一个动作，连贯起来就成为动态的画面了。

爱迪生还发明了一种独立的设备，以此来反映这些活动的图片。这个放映机看上去就像一只柜子，顶部有一个观望孔，里面是一个装有电池的发动机，胶片就环绕在一排链轮齿上。

1891年5月20日，第一台成功的活动电影放映机在新泽西州奥兰治城爱迪生的实验室中向公众展示。这种改装型的机器内装有一台电动机，可以令50米长的胶卷从供人们观看的放大镜下通过。

同年，爱迪生在美国申请了活动电影放映机的专利。然而，智者千虑必有一失，爱迪生当时却忽视了活动电影放映机在海外的专利申请，以至于他的专利并没有完全保护好他的权益和地位，给他以后带来了很大的麻烦。

（三）

1893年，在奥兰治实验室和留声机厂之间的空地上，矗立起一幢模样奇特的黑色木房子，这是爱迪生建立起的世界上第一座电影"摄影棚"。

这座长方形的木房子里外都涂了一层黑色的焦油。而最令人称奇的是，它的底部装有一个轴，这让它可以像向日葵那样，随着太阳的方向变换角度。而且，它的顶部还可以打开，以便让阳光能够直接照射到里面。房子里还装设有镁光灯和20盏电弧灯，以备太阳光照不足时照明所需。

由于这座摄影棚是用木头和黑色的防水纸搭建而成的，因此人们都形象地称它为"黑色玛利亚"。这所摄影棚虽然简陋，但它却吸引了形形色色的演员前来。迪克森曾说：

"这些表演者包括社会上、艺术界和工商界的人物以及许多动物。"

初期的影片大部分都是在摄影棚内拍摄的，但偶尔也有在外面拍的。在用第一架摄像机拍摄时，胶片是水平移动的，结果这架摄像机并不成功。

后来，迪克森决定制作可以使胶片垂直移动的第二架摄像机，最终经过改进获得了成功，并被用来拍摄美国第一部商业片《处决苏格兰玛丽女王》。

最初，"黑色玛利亚"拍摄的活动照片动作单纯，如简单的舞蹈、动作不大的拳击、大力士的扩胸运动等。虽然拍摄的内容很普通，但当这些照片被放映到银幕上时，人们却一齐拍手叫好。爱迪生后来回忆说：

"在1893年芝加哥的世界博览会上，（活动电影放映机放出的这些影片）吸引了大批的观众。开始我们还没有觉察到，但后来发现有两位对这次展出感兴趣的英国人了解到我疏忽了海外的专利申请，就趁机建起了独立的工厂，大批生产起来。"

看到前来观影的群众络绎不绝，很多戏院的老板意识到电影即将带来的娱乐热潮，因此纷纷与爱迪生取得联系，希望能获得活动电影的经营权。

1894年4月14日，阿尔弗雷德·塔特在纽约百老汇大街上建立了第一家放映活动电影的影院。这家影院共有10台机器，影片装在一个硕大的圆环上，圆环在一套滚轴上转动。这样，人们通过机器顶端的窥视孔向里面看，就能看到一部长约5分钟的影片。

同年，美国成立了一个名叫"活动电影公司"的商业组织，各地也都陆续建立起"活动电影沙龙"等，所有的活动电影放映机上都放置了一个自动投币功能的装置。观众想看，只要向装置里投放一枚硬币，机器就开始放映。不过，这种电影每次只能由一个人看，相当原始了。

这时，有一对精明的法国兄弟格雷·莱瑟姆和奥特维·莱瑟姆抓住了大好时机，成立了一个活动电影放映公司，然后从爱迪生手中购买了放映机后，对外进行出租。

不过，每次放映机也只能由一个人观看，所以观众人数很受限制。兄弟俩想出了一个办法，就是将影像投射在银幕上，这样就能同时招揽一大批观众前来观看。于是，他们向爱迪生求助，希望爱迪生能够解决这个问题。

可一向喜欢创新的爱迪生这次却显得有点"目光短浅"，他断然拒绝了两个人的建议。

"这样可不行。如果我们制造你们所说的那种银幕投影机，那么一切就泡汤了。"爱迪生说，"一旦投影机问世，那全美国大概只要十几台这样的机器，就足够所有美国人把电影全部看完了，那接下来等待我们的只有破产。"

虽然遭到了爱迪生的拒绝，但莱瑟姆兄弟并没灰心，两人建立起自己的实验室，紧锣密鼓地进行研制工作。1895年4月，兄弟俩向公众展示了他们的研究成果——一种既能做放映机，又能做摄影机的电影摄像机。

（四）

由于竞争对手莱瑟姆兄弟的出现，爱迪生意识到了来自银幕电影的威胁，于是，他立即投入到银幕电影机的研制当中。

这时，一位名叫弗朗西斯·詹金斯的美国发明家在托马斯·阿玛特的资助下，制造出了一台放映机。这台放映机的演示和展出效果十分理想。同爱迪生合伙做生意的诺曼·拉弗与弗朗克·甘蒙看到詹金斯—阿玛特放映机后，确信未来的电影会在于向更多的观众放映影片。很明显，如果不是一个人而是很多人看一场电影，那将会赚更多的钱。

最终，爱迪生决定与詹金斯和阿玛特联合生产放映机。爱迪生买下了使胶片制动和启动更为灵活的托马斯·阿玛特凸轮运动专利，解决了投影中的一个重要难题。本来，爱迪生是十分不愿意在自己的电影中运用别人的研究成果的，但为了尽快赢得这种争夺战的胜利，他也只好屈尊使用詹金斯和阿玛特的发明了。

很快，爱迪生就生产出一种新的放映机，取名为"维太放映机"。1896年4月23日，爱迪生第一次用这种机器在纽约的斯科特—拜厄尔音乐堂里放映了影片，受到了公众极其热烈的欢迎。

第二天，《纽约时报》上描述了首次展映电影时的情景：

昨天晚上，音乐厅的灯光全部熄灭后，从角楼里传出了一阵阵嘈杂的机器声音，一道闪亮的光柱射在幕布上。然后，大家看到两个美丽的金发女郎，穿着花花绿绿的衣服，飞快地跳着雨伞舞。她们的动作是那样的清晰、鲜明。当她们消失之后，便出现了一片惊涛骇浪，向靠近石堤的沙滩冲击，让观众们都大吃一惊……

接着，有个身材瘦长的滑稽演员和一个矮胖的家伙，一起表演了一场滑稽的拳击比赛。之后演出的是一出寓言戏剧《门罗主义》和霍坦剧院的滑稽剧《乳白色的旗子》中的一个片段，重复了很多遍。最后，以一个高大的金发女郎表演飞裙舞而结束。

这些镜头都形象而逼真，因此观众都感到兴高采烈。

这个新奇的发明让公众们普遍感到惊异，人们简直将这次演出当成观看了一种奇迹一般。爱迪生的助手迪克森曾激动地说：

"这是个神奇的东西，是19世纪魔术的王冠和奇葩！"

电影的诞生，丰富了人们的文化生活，也促进了世界文化艺术的发展。不论是技术史上还是文艺史上，爱迪生所发明的电影都是一件大事。这一事件也真正标志着故事片在美国的问世。

到1900年，投影已经大受公众的欢迎了。在美国的大多数城市当中，任何有空地的地方都会建立起一些小电影院。即便是在一些大剧院，歌舞杂耍表演结束之后，也会放映几部小电影。

不过渐渐地，观众发现节目后放映的影片他们都已经看过了，于是开始退场。为了满足市场的需求，让观众们不断看到新的影片，电影公司就开始不断拍摄新的影片出来，以增加影片的数量，吸引观众的注意力。

在这个时期，市场对影片的不断需求还有两个原因：

一是美国的移民数量不断增加。这些移民几乎不会说也听不懂英语，但却能欣赏和理解无声片，而且也付得起这种短暂娱乐所需的费用。

二是这个时期歌舞杂耍演员经常闹罢工，剧院老板希望能弄到更多的影片来保证他们的剧院不关门。

在20世纪初期，一些剧院都是用2分钟的电影来吸引顾客。到1905年前后，宾夕法尼亚州出现了一家"5分钟影院"。尽管影院环境很一般，可电影的生动、直观还是吸引了不少人前来观看。之后的两年间，"5分钟影院"如雨后春笋般兴起，影院数量达到了5000多家。这些影院的票价一致，十分低廉，但由于投资少，所以获利巨大，很多这种影院每周的赢利就足以再开办一家影院了。

富兰克林在发明了避雷针后，费城教会拒绝使用它，说这个东西是冒犯神权，是对上帝和雷公的大不敬。100年后，费城新建教堂，教会问爱迪生要不要装避雷针。爱迪生回答说："当然要装，因为雷公也有疏忽大意的时候。"

第十六章　有声活动电影面世

　　我的人生哲学是工作，我要揭示大自然的奥妙，为人类造福。

——爱迪生

（一）

　　在美国电影发展的初期，爱迪生在这一领域占据着十分重要的地位。这并不完全因为他早期的发明，而是因为他通过一系列法律方面的活动，为他的摄影机和放映机在美国获得了专利。

　　为了独占电影的发明权，爱迪生于1897年宣布了一个"专利权的战争"，聘请了许多律师起诉其他电影制造公司。接着，爱迪生竞争对手的电影制造公司便一个接一个地倒闭了，最后只剩下比沃格拉夫和维太格拉夫两家公司与爱迪生公司并存。

　　1898年以后，美国的影片只有爱迪生公司摄制的一些影片和比沃格拉夫公司摄制的一些色情短片。由于缺乏市场竞争，电影市场近乎垄断，所以影片质量很糟糕。

　　这时，精明的商人们发现，电影这种新奇玩意儿能马上发家致富，因此很多人就拼命地想要成为电影制造商。但在美国，能够垄断这个行业的依然只有爱迪生公司等3家。

长期垄断影片的爱迪生公司，曾大量复制了欧洲竞争者的一些影片，但由于版权问题，爱迪生不得不在影片的制作方面下些大工夫。

这时，爱迪生聘请了曾是新闻片摄影师的埃德温·波特担任摄影场的制片人。波特相信，电影在叙事方面具有巨大的潜力，认为它不可能只流行一时。因此，他下决心要让爱迪生公司为电影艺术的发展做出重大贡献。

1903年，波特拍摄了消防队员在接到火警后，马上赶赴火灾现场救火的一些镜头。这让波特想到，如果可以在这些镜头中加入一些有故事性的场景，如几个消防队员从屋子里救出被困母子的情景等，就既增加了影片的故事性，又具有一定的教育意义。

当波特向爱迪生提出这一建议后，爱迪生十分赞同，并认为这样的影片一定非常受欢迎。

于是，波特便设计了一些补充镜头，并进行了拍摄。在发行时，他将这部影片取名为《一个美国消防队员》。果不其然，尽管这部影片叙事方式原始单调，镜头也很粗糙拙劣，但却受到了观众的热烈欢迎。

接下来，波特又赶制了一部美国西部故事片《火车大劫案》。在这部影片中，波特既是编剧、导演，又是摄影师。他让一些演员穿上牛仔服，又在新泽西借来了一列火车，并搭建了一个车站和一个舞厅，然后以此为背景，拍摄了一部影片。

这部影片所表述的，是一群匪徒在劫持火车时被发现，然后被一队追捕他们的人所击毙的故事。

影片有一部分是在摄影场拍摄的，还有一部分是在新泽西州的松树林中拍摄的，演员也都是业余的。但影片中的枪战和激动人心的追捕场面却让观众看得大呼过瘾。

这部8分钟的影片是美国电影史上第一部真正意义上的故事影片。它非常具有娱乐性，在电影史上也是一部首次运用了许多特技的电影，极大地冲击了观众的视觉，在美国获得了前所未有的好评。

这部影片对其他导演也产生了很大的影响。很快，一批"西部片"便应运而生。此后，故事片的制作得到了迅速发展。在好莱坞流行好长一段时间的西部牛仔片，就是受到了这些影片的影响。

（二）

在无声电影不断发展和完善的同时，爱迪生从未忘记发明真正"能说话的电影"的梦想。他将留声机与活动电影结合起来，不断研究和调和声与影的问题。在爱迪生看来，最困难的问题就是收取远处细微的声音。

为此，爱迪生制造出了一种很灵敏的收音器，凡距离13米以内的大小音波都可以收取到。他将这种收音器连在高速照相器外面，便成为有声活动电影的制片机了。

在拍摄时，演员一边做动作，一边谈话唱歌，摄像和收音同时并进。放映厅后面的放映机和幕前的留声机中间用电线连接上，只要一按开关，就能够操纵留声机。因此在放映时，声音和动作便可以密切配合在一起，不至于出现先后快慢的问题。

在新世纪到来之际，爱迪生在奥兰治的乡村俱乐部中进行影片试放。来观看的都是周围的邻居。

当客厅中架起银幕时，人们还看不到有什么改进。接着，银幕上出现一位穿晚礼服的人，他举起双手，像是要说话的样子。忽然，声音马上就传进了观众们的耳朵中，而且形与声配合得十分默契。

接下来，影片中一位小姑娘又演奏了小提琴曲《安妮·劳利》，另一位女演员则唱起了《夏天的最后一朵玫瑰》。

各种人物、各种声响在屏幕上交替上演，让所有观众目瞪口呆。一位观众在回到家后，绘声绘色地向家里人描述他所看到的一切：

"一位男性讲演者将一个瓷盘摔在地上，你不但能听到盘子落地时的破裂声，还能听到碎片溅开时发出的细微动静；一名号手出现在银幕上，吹起了起床的号角；哨声响了……还有狗争先恐后地跑了出来，我们能清楚地听到猃猃的狂叫声。啊，内容还不止于此，还有诺曼底的钟声和场景，有政客的演讲与背后提台词的声音和画面……"

虽然这次试验在声与影方面的配合是成功的，但爱迪生并不满意，他认为这距离有声电影的成功还很远，还有留声机音量的大小。他说：

"最困难的是使留声机放出的声音传到一定的距离，而且不能将它放在放映机的视焦范围之内。打个比方，如果你站在离留声机1米远的地方测定的音量为100，那么到两米远的距离时，音量就是25了。"

爱迪生曾经想过使用字幕。他在日记中记下了他实验字幕时的情况：

"我们常常使用跑表在不同类型的观众中试验字幕的效果，以便确定出一种合适的字幕延续时间，使观众能够看清字幕的内容。我们选择的对象有老人、孩子、工人、职员、商人、家庭妇女以及个体劳动者等，对他们使用不同字数的字幕进行试验。最后发现，当我们一次打出七八个单词时，许多人都不能得出连贯的印象，这对我们来说是一种启发。"

这个试验表明，字幕是不能代替声音的。

（三）

　　1908年10月，爱迪生在改进留声机时，研制出了一种名叫"琥珀油"的化合物。用这种"琥珀油"制作的辊筒录制的音和放出的音，音质相当好。

　　1912年2月7日，爱迪生在纽约放映了用改进了的留声机为活动电影放映机配音的有声电影，琥珀油辊筒出色地为由莎士比亚悲剧改编的电影片段配了音。

　　改进之后的留声机，虽然放音时间比原来持续2分钟增加了一倍，但也只有4分钟而已。"会说话的影片"持续时间也不超过七八分钟，因为更换辊筒还需要停顿一会儿。所以，这种有声电影在放映持续不少于一小时的时间内，只能作为一个插入的节目。

　　再者，它的音量也仍然不适用于大庭广众条件下的配音需要。很显然，这种有声电影还不能完全取代默声电影。

　　从一开始研制电影至今，爱迪生一直都沿用将留声机与电影机有机结合在一起的思路研究有声电影，但却始终没有突破性的进展。也许正是由于对留声机的偏爱，才局限了他的思路。电影技术的发展，还需要沿着声音的光学记录与活动景物相结合的道路走下去。

　　1923年以后，有人才尝试着用蜡盘（即唱片）在电影胶卷上录制音乐，但仍有许多问题未能解决。直到1927年10月23日，华纳兄弟电影公司才第一次成功地拍摄下了有声响、对白、音乐和歌唱的有声电影《爵士歌手》。电影第一次真正地开口说话了。它宣布了默片时代的结束，有声电影的真正诞生。有声电影时代从此才正式拉开大幕。

　　紧接着，华纳兄弟公司又于1928年拍摄了全部有声同步对白电影《纽约之光》，这是第一部完全意义上的有声片。从此以后，有声电影才全面推开。

同年，有声电影进入中国的高级影院。1936年，戏剧大师卓别林出品了他的最后一部无声影片《摩登时代》，标志着无声影片的彻底结束。

在爱迪生的一生当中，电影的发明在他所有的发明中占有着重要的地位。从一开始，爱迪生就认识到电影技术在文化和社会生活方面的重要作用，不仅肯定了电影在艺术方面的重大意义，还是一种重要的教育工具和教学手段。爱迪生花费了很大的精力来专门研究电影，为电影事业的兴起和发展奠定了重要基础。

1924年，在爱迪生77岁的寿辰上，那些与电影事业有关的人为表示对爱迪生的敬意，举行了盛大的宴会。在宴会上，爱迪生说：

"对于电影的发展，我只是在技术上出了一点力而已，其他都是别人的功劳。我希望大家不要只拿电影来赚钱，也应该为社会做出一些有益的贡献。"

这番真诚的话语，让在座的人都感动不已。

不论爱迪生如何谦虚，他在美国电影发展初期依然占有举足轻重的地位。就像约翰·默塞尔所说的那样：

"我们必须承认，在美国，是爱迪生公司最先生产商业影片的。"

当然，爱迪生的那些助手们，也为建立美国电影工业付出了巨大的心血和努力，正如美国著名电影导演、电影史学家刘易斯·雅各布所说：

"电影，在实验室中诞生，被组合起来作为一种表达工具，用以作为广大群众的娱乐，又是在科学家、艺术家和实业家合作之下才得以发展的。各个方面的人们对电影的兴起，形成它的特色和加强它的效果，都做了贡献。"

第十七章　不断进行新的探索

　　我平生从来没有做出过一次偶然的发明。我的一切发明都是深思熟虑和严格试验的结果。

　　　　　　　　　　　　　　　　　　　　——爱迪生

（一）

　　自从迈上发明之路，爱迪生就有着过人的智慧和旺盛的精力，再加上兴趣广泛，因而经常有些"一心多用"的举动。

　　自从自动选票记录机发明成功后，爱迪生逐渐积累了深厚的电学知识，从而使多通路的电报系统研制成功。随后，他又顺理成章地从电报领域进军电话行业、电灯行业以及留声机行业等。而留声机的功用，又激发爱迪生发明了电影摄像机。

　　在这个以电力为基础的发明系统中，爱迪生几乎没有失败过。这一系列举世闻名的成就，相互间都有着千丝万缕的联系，从而构成了一条完整的发明轨迹。

　　自从19世纪80年代起，爱迪生逐渐开始脱离这条轨道，不断向自己不熟悉的领域进军。

在1880年时，爱迪生在为发明电车做准备时，曾与几位同事一起到长岛一带进行考察旅行。在这里的海滩上，爱迪生发现了一片黑沙。这些在阳光下闪耀着异样光芒的沙子，让爱迪生莫名其妙地有点心动。他将一部分黑沙样品带回了实验室。

经过试验，爱迪生发现，这些细微的沙粒可以被吸附在磁铁上面。这时，一个大胆的念头在他的脑海中浮现出来：如果用磁铁来分离矿粉和杂质，采矿选矿不就能更加简单快捷了吗？如果建立一家粉矿厂，专门用这种方法选矿，一定可以赢利。

不过，在进行分离矿粉和杂质的实验中，每次试验都因技术限制而失败。但爱迪生觉得这正是自己应该努力解决的问题。因此1880年底，他向专利机构呈交了一份磁铁检矿机专利。

第二年，爱迪生就在长岛南岸建立了一家小型的实验工厂。然而开工没多久，飓风突然来袭，几个小时内矿石就全部被搬了家，工厂也在飓风中消失了。

其后，爱迪生又在罗德岛建起了第二座工厂，可生产出来的矿石并没有达到预想的质量标准。

由于一时找不到解决问题的方法，而且此时电灯和电力系统的研制安装工作也进入了关键阶段，这个项目只好暂时搁置下来。

随着工业的发展，钢铁的需求量大大增加。到1889年，爱迪生再次决定进行铁矿的经营。因为这时爱迪生通用电气公司已经成立，这样他不但获得了大量的资金，时间也相对空闲下来，采矿工程又在他心中蠢蠢欲动了。

爱迪生在新泽西州的北部买下了3000英亩的原始林地，在这里建起了一个大型的矿区，人称爱迪生村。经过勘测，矿区的地下埋藏着2亿吨的低品位铁矿石。而另外一块1.6万英亩的地面下，还有10亿吨的低品位铁矿石。

经过科学的估算之后，爱迪生认为，如果能高效地开采这里的矿石，那么冶炼出来的优质钢铁足够美国钢铁业使用70年之久了，这样磁铁选矿工厂就将给他带来远比他现有发明所创造的更为丰厚的利益。

根据爱迪生的设计，第一道粉碎矿石的工序由机器来完成，其他各道工序则由传送带来连接。用来粉碎矿石的机器由几只巨型压辊构成，并以每小时60英里的速度飞转。当巨大的矿石被送入机器后，压辊立即将其粉碎成为篮球大小的石块，然后被传送带送入下一道工序。再经过几轮碾压后，巨大的矿石就变成了粉末。这时，再通过480块磁石进行分离提炼，最后精选出的矿粉将被加工成为矿粉砖。

与此同时，爱迪生还在这里建造了一座独立的矿粉加工厂，以每秒钟一块的速度生产矿粉砖。

对这项工程，爱迪生投入了很大的热情和精力。他经常不顾危险亲自到现场指挥操作。有一次，他正在检查一台机器的运转情况，突然一只垫圈断裂了，弹簧将一根铁棍弹到天花板上，又呼地直落下来。爱迪生根本来不及躲避，眼睁睁地看着铁棍落在距离他不到3.3厘米远的工作台上。工作台上约5厘米厚的木板被砸穿了。

"死神刚才摸了一下我的鼻尖。"爱迪生从惊吓中缓过神来，用手比划着开起了玩笑。

爱迪生采用的新的选矿法，不仅铁矿质量比那些用旧式机械生产的要好，而且比原来磁铁矿的售价低了许多。对于这些，钢铁公司都看得很清楚。开始营业的第一天，钢铁公司就订了1万吨，以后也在不断订货。

对此，爱迪生很开心，他在后来回忆这段生活时说道：

"这5年的生活，是我一生中最愉快的时光。在这里，我可以拼命地工作，不会受到任何琐事的干扰。这里还有清新的空气和清淡的食物，一切都让我感到满意。大家在这里学到了很多东西，总有一天我们会用它为人类造福。"

创业的过程是美好的，然而结局却让人大为失望。

平心而论，这一次并不是爱迪生的工程技术出了问题，他的粉矿厂其实是成功的，全部工程也都在按照计划进行，成本核算也达到了预期的标准，源源不断的订单也将会给他带来巨大的利润。但是，在1890年，明尼苏达州的苏必利尔湖被勘探出有巨大的铁矿。这些铁矿不仅品位高、分布广，而且可用成本更加低廉的露天采掘方式开发。因此，铁矿石的价格马上降了三分之一，这就迫使爱迪生不得不以低价出售他的矿砖，但还是于事无补，这次爱迪生整整亏损了200万美元。

整项工程的资金来源大部分都是爱迪生出售通用电气公司的股票得来的，现在矿厂倒闭了，股份也没了，爱迪生不仅耗尽了全部的财产，还欠下了大量的债务。

而此时，通用电气公司的股票价格已经上涨了一倍。如果换了别人，或许会捶胸顿足悔不当初，可爱迪生却表现得出处变不惊的镇定和豁达，他说：

"算了，一切都过去了，这笔钱花得可真痛快！"

矿山事业的失败，几乎将爱迪生推入人生的深渊，但坚强的爱迪生却并没有被打败。他像许多年轻人一样，继续凭着热情勇往直前，再度迈向璀璨的发明旅程。正如他的同伴马洛里所说：

"在爱迪生的态度上是找不出特别的失望情绪的。他总是希望着未来，总是考虑着如何解决目前的处境，如何利用我们花了极大代价换来的知识。"

（二）

　　进军采矿业虽然失败了，但爱迪生却由此改进了一些矿石加工技术，并从中积累了采矿业的经验。这为他日后在水泥制造业的成功奠定了基础。

　　水泥是由英国石匠亚斯普丁在1824年发明的。水泥的颜色像英国波特兰产的有用石灰石，因此称"波特兰水泥"。这种水泥由天然含黏土的石灰石碾制而成，因此凝固较慢，凝后较坚固。不过这种水泥不但粗陋，用途也颇受限制。

　　1827年，美国宾夕法尼亚州科普雷的舍勒等人开始仿制水泥。在工程师怀特用自然水泥修筑伊利运河后，效仿者也日渐增多。

　　20世纪初，人造水泥大为盛行。仅仅1902年，美国就计划生产水泥约1723万桶。

　　水泥的需求日益增加，让爱迪生再次看到了商机。

　　在1898年时，爱迪生就在奥兰治西部73千米处的森林中发现了水泥，于是立即购买下3.2平方千米储有水泥石的土地。此外，爱迪生还阅读了大量水泥制造方法的书籍，并收集了多方面的资料。接着，他不眠不休地画出了工厂设计图，并命人照设计图建设工厂。

　　1902年，爱迪生的水泥工厂开始生产水泥了。从不循规蹈矩的爱迪生在水泥生产上也别出心裁。当时的业界普遍认为，砖窑的长度不能超过60米，可爱迪生却偏偏将它延伸到110米。他还利用选矿厂积累的经验改进了水泥的碾磨工序，又用大型气铲取代小车来运送水泥石，从而大大提高了生产效率。

　　水泥的日产量逐渐上涨。刚开始时，爱迪生水泥厂的日产量是900桶。后来爱迪生继续改良了许多生产水泥的细节技术，产量也不断提高，后来达到了日产1100桶。到1905年时，爱迪生的水泥厂已经成为全美第五大的水泥厂了，日出产达3000桶。

水泥公司的利润很大，爱迪生当年开采铁矿所欠下的债务不到3年就全部还清了。

"为什么要建造如此之大的水泥厂，生产如此之多的水泥呢？"有些人对爱迪生的举动很不理解。

"马车终将被未来的电车和汽车所代替，土路已经完全不适应新美国的发展步伐。而水泥，正是重新建造马路的不可或缺之物。"爱迪生的回答，再一次展现了他睿智的一面。

爱迪生用他丰富的想象力拓展了水泥的用途。经过几次尝试后，他成功地用水泥铺设了几千米长的道路，后来这条道路一直沿用了半个世纪。

另一个项目就是建造水泥房屋。这是采用先造好房屋架构，安装铁筋，然后灌注水泥的方法。按照爱迪生的预想，实际操作起来只要6小时即可完成。并且估计，建造一幢6间房屋的房子只需300美元左右即可。建造的模型也可以重复使用，这样就能节省不少费用。

后来，"爱迪生式建筑法"带来了一次建筑界的革命。此后，各处的大楼、工厂等大型建筑，都纷纷采用这种方法。

1908年，爱迪生提出了这种房屋的专利申请。在他的专利书中，是这样描述他理想中的房子的：

"它的所有构件，包括山墙、房屋、间隔、澡盆和地板等，都用水泥混合物制成……我认为它最适用于民居……住宅中的台阶、壁炉饰板、天花板等内部装饰，都可以在房屋浇筑过程中一次成型，与房屋形成整体结构。"

不过，爱迪生的目标并没有实现，原因是这种方法虽然简便，但样式却大同小异，千篇一律，而人们的习惯不同，要住的房子样式也不同，所以相同式样的房子就不太受人们欢迎了。

"爱迪生式建筑法"虽然在当时没有得到推广使用，但这并未让爱迪生放弃在这一领域的工作。他继续改进水泥的生产，扩大提高生产廉价水泥的技术。时至今日，现代科学改进了许多建筑模具样式和使用方法，而"爱迪生式建筑法"也已得以推广使用。所以，爱迪生在这方面也为人类做出了很大贡献。

（三）

在爱迪生漫长的发明生涯中，最费心的就是电池的发明。他在电池的发明上整整用了10年的时间，并耗费了300万美元的巨资，而做实验的次数也多达5万次之多。

在19世纪末期，电力普遍用于工业，美国工业生产的各个部门都出现了巨大的变革。电动机和电气制造业发展成为美国新兴起来的重要工业，许多大城市都建成了大型发电厂，为工业、电信事业、电车和电灯照明等提供电力。

当时的电源来源主要靠两方面，一是发电机，另一个就是蓄电池。发电机虽然有取之不尽的威力，可体积太大，携带不方便；比起发电机，蓄电池小巧玲珑，十分轻便，可它又不能使用很长时间。

蓄电池最早是由法国人勃兰特发明的，只是性能不完善，没什么实际的用途。1880年，法国人福勒经过研究发明了新型的蓄电池，也就是所谓的"铅蓄电池"，比勃兰特发明的蓄电池优秀得多。但这种蓄电池也有两个缺点：一是铅本身太重，二是蓄电量太少。

　　为此，爱迪生决定发明一种新型的蓄电池，要体积小，便于携带；重量轻，一只手就能拿起；要成本低，每个人都能买得起；还要电力足，能持续供电。

　　1900年初，爱迪生开始着手研究蓄电池。经过不断试验，他发现铅蓄电池的病根在于硫酸溶液——硫酸上。因此，爱迪生打算用一种碱性溶液来代替硫酸。当然，还需要找到一种能与碱性溶液发生化学反应的物质，用来代替铅。

　　一旦下定决心，无论前面有多少困难，爱迪生都会毫不畏惧地前进。他给实验室里的助手们打气说：

　　"只要我们用心去探索，慷慨的大自然一定会向我们揭示蓄电池的秘密的。"

　　爱迪生又像上紧了发条的机器一样高速运转起来。他将工作人员分成两拨，分日夜两班轮流倒；而他自己还是老习惯，通宵达旦，坚持在工作岗位上。

　　工作进行了5个多月后，实验也进行了9000多次，却毫无进展。一天，爱迪生的老朋友来看他，发现他坐在一张大工作台前，台上摆满了他的化学家和实验员们制作出来的数百种电池。爱迪生正在试验每只电池的性能。

　　朋友见状，惋惜地问爱迪生：

　　"你已经做了这么多次试验了，费去了这么多的时间和精力，却还是毫无结果，你难道不感到后悔吗？"

　　"为什么要后悔呢？我亲爱的朋友，我已经知道有几千种物质是不能用的了，这难道不是个好结果吗？"爱迪生笑着回答说。

　　每次从失败中不断积累知识，不断总结经验，终于在1902年时，爱迪生进行了一次使用自己发明的电池作为车辆动力的试验，行程为800

多千米，每充一次电可以运行160千米。爱迪生对这次试验做了惊险的描述，他说：

"每次到一个急转弯时，我都以为要翻车。"

试验结束后，爱迪生满怀信心地宣布：电车将有远大的前途，他要制造"一种性能良好的车"，这种车的时速应达到40千米，并且不用担心更快的汽油车与之竞争。

1903年，爱迪生又将蓄电池放在振动台上反复试验，还将蓄电池放在屋顶上，然后通过窗户将它扔到地下，看它是否会破裂；接着，他又将蓄电池装在汽车上，然后让汽车在新泽西州崎岖不平的山路上行驶。这样试验了几个月，他的新型电池终于完成了。

1904年，爱迪生在新泽西的银湖开始出售这种新型的电池。然而不久后，人们就发现这种电池存在的严重问题：有时在车辆行驶过程中，有些液体化学物质会从电池中流出来；许多电池还出现电力衰减的情况。

这些问题让爱迪生意识到，他的电池研究工作还没有结束。随即，他下令关闭电池生产工厂，停止继续制造，而他自己又再一次投入到实验中去了。

这一次，爱迪生依然从头开始，反复试验，寻找电池的毛病根源。到1905年夏天，爱迪生的试验记录簿上的新数字已经是10296次了。

两年很快就过去了，成功似乎还遥遥无期。这时有人暗地里嘀咕：

"要解决不用铅制造电池的问题，恐怕是无法可想的了。"

对此，爱迪生冷笑一声，说：

"任何问题都有解决的方法，无法可想的事是没有的。要是你果真弄到无法可想的地步，那只能怪你自己是懒汉。"

正是由于具备这种"无法可想的事情是没有的"的顽强精神，爱迪生才能历经艰难，信心百倍地坚持到底。他不能容忍自己出现悲观失望的思想，主张竭尽全力对一个问题的各个方面进行风驰电掣一般的突击，也主张胜利是全力以赴去赢得的。

1909年，爱迪生终于制成了一种相当理想的镍铁碱电池。第二年，这种电池就投入了大规模的生产。

这一次，蓄电池的优良性能大大出乎人们的意料。这种用薄镍片制成的蓄电池充一次电可使汽车行驶160千米，而一般的铅蓄电池只能供走80千米。而且，这种电池不会因为过量充电而损坏，使用寿命相当于铅蓄电池的数倍。因此，在一段时间里，电车几乎要成为汽油车的主要竞争对手了。

爱迪生之所以能取得成功，与他的勤奋与坚持不懈有着巨大的关系，因为他愿意用各种方法和材料进行大量的试验，以便找到最佳的答案。他的一个朋友曾说道：

"爱迪生一生中如果只发明了这个蓄电池，他也是一个杰出的发明家，更是一个了不起的人。"

第十八章　永不消逝的光辉

凡是希望荣誉而舒适地度过晚年的人，他必须在年轻时想到有一天会衰老；这样，在年老时，他也会记得曾有过年轻。

——爱迪生

（一）

1914年的一天，奥兰治工厂的胶片车间意外地发生了爆炸，引发了一场巨大的火灾。短短的几分钟，整个厂区就被一片火海淹没了。

大火无情地吞噬着一切，人们惊慌失措地向外跑去。闻讯赶来的查理看到实验室燃烧着熊熊大火，发疯一般地寻找着父亲爱迪生。

忽然，他看到父亲正站在不远处，神色平静地看着眼前肆虐的大火，眼睛里跳动着火焰一般的光亮。

爱迪生看到儿子查理后，大声喊道：

"快去叫你母亲来，她恐怕这辈子都没见过这样的场面！"

查理惊诧于父亲现在还有心思开玩笑。他心情复杂地站在父亲旁边，清楚地感到父亲的身躯里正涌动着一股强大的力量。

大火终于被扑灭了，但实验室也在大火中被夷为平地。

一家人都神色黯然。爱迪生已经是60多岁的老人了，这场火灾将他一生辛苦创建的基业毁于一旦。对一般人来说，这简直是致命的打击了。妻子米娜和孩子们不知道该怎样安慰爱迪生。

这时，爱迪生反而主动安慰大家说：

"这场火灾并非一无是处。虽然它烧毁了有用的东西，但我以前工作中所有的谬误也被它烧得一干二净了！感谢上帝，这正好可以让我从头再来。"

说着，他低头从废墟中捡起一只被烧焦了边框的相框。相框的玻璃已经碎裂了，可照片却完好无损。爱迪生指着照片上的自己，笑着对大家说：

"你们看，我毫发无损。"

第二天，实验室的重建工程就开始了。爱迪生在家里临时搭建了一个简陋的实验室，重新开始工作。

然而，这场大火的浓烟刚刚消散不久，第一次世界大战便爆发了，整个欧洲瞬时变成一个巨大的作战地区。美国是中立国，社会舆论也基本上都赞同政府的这一立场。

对这次战争，爱迪生也发表了自己的意见，表现出了自己的和平主义精神，他认为他的国家参加屠杀人类的战争是不能被容许的。

但当德国开始无限制的潜艇战后，美国开始准备参战。1917年4月，美国对德国宣战，这对战争的结束起到了一定的作用。

早在一战爆发初期，美国就已感到许多变化。比如，化学材料不足，因为这些材料在和平时期多是从德国进口的，尤其是苯酚（酚）和苯十分缺乏。

苯酚适用于制造唱片，所以这一工业部门在战前就是苯酚的最主要消费者，而爱迪生的唱片事业也因此受到了严重影响。

而且战争爆发后，对苯酚的需求更是猛增，因为苯酚是生产苦味酸所必需的，从苦味酸中可以制造出烈性炸药即苦味酸盐，尤其是制造出具有巨大破坏力的三硝基酚。1914年9月，美国的苯酚和苯的储藏量不够使用一个月。

从德国进口的苯酚是从煤焦油中提炼出来的，爱迪生决定研究出生产合成苯酚的方法。以爱迪生的个性，他是不会坐等唱片公司倒闭的。

连续奋战了三天，仔细研究了苯酚的各种合成方法后，爱迪生最终选定了硫酸工艺，然后他开始四处联系化学剂制造商，询问他们是否愿意建立苯酚厂，为他供货。可结果是，所有的制造商都不愿意冒这个风险。

求人不如求己，爱迪生决定自己亲自办厂。他聘请了几十位化学专家，将他们分成三组，24小时轮流在实验室进行试验。仅仅用了一周时间，他们就制定出了完整的工程计划。爱迪生雷厉风行地选好了厂址，开始建厂。工厂投产不到20天，就生产出700磅的苯酚，不仅满足了唱片公司的需要，多余的还被其他厂家抢购一空。

初战告捷后，爱迪生敏锐地意识到，战争期间化工产品肯定会紧缺。此时，美国工业协会也向他求援。于是，爱迪生不久后又开办了制苯厂、染料厂等，生产各种战时必需品，打破了长期以来德国对染料市场的垄断，为此还招致德国人的不满。

（二）

在这期间，美国海军看中了爱迪生的蓄电池，尝试着将其用于新式潜艇E2上面，并在1915年任命爱迪生为海军顾问委员会出席。

爱迪生对这个职务很重视。他带着一腔爱国热情，决心尽其所能，做出一些推进海军技术装备和作战能力的事情。可惜事与愿违，1916年，潜艇E2发生爆炸，5名士兵丧生。尽管事故的责任在于潜艇上的工作人员疏于安全防范措施，但海军当局却将责任归咎于爱迪生为他们提供的蓄电池泄露氢气。这场事故也浇灭了海军当局对爱迪生的热情。但爱迪生却浑然不觉，依然热心地向海军献计献策。

1917年，美国加入协约国对德宣战。

美国参战后，爱迪生积极致力于研究侦测敌军潜艇的方法。他打电话给普林斯顿大学校长，请求他派4名物理学家来协助自己解决研究中遇到的问题。

在炮火纷飞的战争年代，爱迪生的发明研究也取得了丰硕的成果，他先后研制出了鱼雷机械装置、喷火器、水下探灯、窥听潜艇器、化学反应弹、黑夜望远镜等几十种海军防御武器。

关于海战方面，爱迪生提供了许多设想，并为其做了大约40项发明，而且每项发明都很成功，可是海军方面对他的努力却压根不感兴趣。爱迪生的那些发明海军部一项也没采用，最后都闲置起来。

1918年11月，第一次世界大战结束后，爱迪生是唯一获得海军部"特殊勋章"的平民。不过，爱迪生还是辞去了海军顾问委员会的职务，重新返回研究所工作。

多年后，爱迪生对与美国海军打交道的这几年有些耿耿于怀，他说：

"在战争期间，我做出了大约40项发明，但他们全都置之不理。那些海军不喜欢我们老百姓插手管他们的事情。"

1915年秋，爱迪生到旧金山参加泛美博览会。在博览会上，爱迪生与老朋友亨利·福特重逢。两人欣然接受了轮胎制造商哈维·S·费尔斯通的邀请，一起结伴出游。

　　此后，爱迪生与朋友们只要一有时间，就一起外出野游。年已八十的博物学家约翰·巴斯也应邀参加了他们的旅行队伍。

　　在旅行期间，爱迪生最感到自豪的，就是他的发明成果给大家带来了便利。每当他们在明亮的帐篷中喝酒聊天时，爱迪生就会忍不住提醒大家注意一下，是他带来的一只蓄电池为露营地的照明提供了充足的电力。

　　在山地丛林中自由自在地穿行，这种亲近自然的活动让爱迪生感到身心愉悦。此后的几年间，他们又一起出游多次。

　　在1923年夏天的一次野营活动中，大家无意中聊到了一个话题，说现在全世界的橡胶市场都被英国在马来西亚的橡胶园垄断了。福特和费尔斯通鼓动爱迪生对这一行业进行研究，以改变美国在这一行业的落后局面。

　　此时的爱迪生已经76岁了，可面对这个富有挑战的新领域，他的创业热情依然不减当年，当下就与老朋友认真地探讨起进行橡胶开发的具体方案。

　　4年后，爱迪生80岁那年，爱迪生植物研究公司正式宣告成立。爱迪生用福特和费尔斯通投资的18万美元在迈尔斯堡买下了一片橡胶种植园地，并建立了一间专门的实验室。他聘请了很多植物学家，委派他们到世界各地去搜寻可以提取乳胶的植物。

　　这一次，爱迪生依然像那些年轻人一样，全身心地投入到研究实验当中。当有记者采访爱迪生时，向他提出一些冒昧的问题：

　　"您到底还能坚持多久？

　　爱迪生的回答是：

　　"我能活多久，就能工作多久。"

　　经过大半年的努力，植物学家们一共采集来3000多种植物样本，爱迪生组织手下对这些样本进行了细致的研究分析。经过1.4万余次的试验后，爱迪生最终用杂交的方法培植出了一种含有大量乳胶的菊科植物。

随后，费尔斯通就从这种植物中提炼出了橡胶，然后用它们制作了四只轮胎，用在福特牌的旅行车上。三个老朋友用这样的方式来纪念他们这次成功的合作。

接下来，爱迪生要解决的问题就是如何降低橡胶的成本，让它能够真正适应市场的需求。对爱迪生来说，这并不是什么难题，可此时他却显得心有余而力不足了。

1929年，82岁的爱迪生因年老体弱，身体愈发严重地受到消化不良、肾功能失调综合征等疾病的困扰，迫使他不得不遗憾地放弃对这个项目的进一步研究开发。

（三）

1929年10月21日是爱迪生发明电灯的第50个纪念日。这一天，美国邮电部门特别发行了印有最初的炭丝电灯的纪念邮票，上面写着：

"爱迪生的第一盏电灯。"

这时，亨利·福特已经在他的家乡密歇根州的迪尔本建起了一个历史博物馆，将爱迪生以前位于门罗公园的建筑物按照原样重新建立了一个展馆。

这天上午，福特邀请爱迪生前往他的家乡迪尔本，就连胡佛总统夫妇都从华盛顿特地赶去了。他们一行乘坐19世纪以木头作为燃料的列车前往福特历史纪念馆。在短暂的旅途中，爱迪生重温了自己的童年生活。他拿着一只列车服务员的篮子，用微弱的嗓音向他的同行者们吆喝着：

"糖果——报纸——"

列车进站后，总统亲自搀扶着爱迪生下车，他们一同访问了福特的历史博物馆。晚上，大家被安排到纪念馆的"实验室"中，观看一次具有特殊意义的活动——通过收音机现场直播，再现50年前爱迪生第一次点亮电灯时的情景。

一切准备就绪后，爱迪生开始对工作人员下令：

"开始！"

爱迪生的声音明显已经很苍老了，但却依然铿锵有力。与此同时，工作人员将一只灯泡交给爱迪生，爱迪生起身将它接通电源，然后轻轻地合上电源的开关。

一盏灯亮了。紧接着，附近的电灯都"刷"地一下子全部亮起来了，并且越来越亮，直至亮如白昼。

同时，美国数十座城市也为纪念爱迪生的伟大功绩而让所有的电灯大放光明。

在宴会室内，长方形的餐桌一字排开，远远的一端是主席的座位，中间的荣誉座应是总统夫妇坐的，可总统夫妇却执意让爱迪生夫妇坐在首席上。

宴会上，胡佛总统还发表了重要的演说，高度赞扬了爱迪生伟大的一生及其为人类所做出的杰出贡献。

这是一次盛大的宴会。在美国乃至全世界，都没有哪个平民能够享受到如此的盛誉，各式各样的人物——金融家、政治家、科学家、各国使节、商业巨头、大学教授、艺术家……都纷纷发来贺电向爱迪生表示祝贺。

在宴会上，爱迪生缓缓地站起身来，对来宾及世界各地关心他的朋友们表示衷心的感谢。可说着说着，他的声音忽然减弱，气息也逐渐变得粗重，身体也慢慢向一侧倒下。

大家急忙将爱迪生抬到隔壁的休息室，休息了好一阵子，他才渐渐好转。

从迪尔本回来后，爱迪生的健康状况便每况愈下。他去工厂的次数也少了，工作时间也比以前缩短了许多，对工厂事务的控制权也渐渐转交给自己的助手。

1931年8月，爱迪生的病情加重。经过诊断，医生认为他患上了布莱特症、尿毒症和糖尿病等病症，估计他支撑不了多久了。

令人惊奇的是，不久后爱迪生竟然度过了危险期。又过了些日子，他每天下午驱车外出遛弯的习惯也重新恢复了。

9月初，爱迪生的病情再次进入危险期，但他再次渡过难关。10月4日，医生断定他的病是无法挽回了。在这期间，每天都有大量的电报和信件来询问他的健康状况，也有世界各地的人来探望他，胡佛总统还关照每天要将爱迪生的病情用电话告诉他。

9天过去了，爱迪生几乎滴水未进。在120多个小时中，他只饮过6小汤匙的梨汁。爱迪生已经完全陷入了昏迷状态。

1931年10月18日，星期日，凌晨3时24分，发明大王爱迪生走完了他84年的伟大人生旅程。

爱迪生去世的消息很快就传遍了全世界，许多报纸也刊登了这一消息。听闻发明家爱迪生去世的消息后，全世界人民都沉浸在悲痛之中，唁电像雪片一般从美国各地、从世界各国发来。与此同时，爱迪生的家属和美国也收到了数以千计的有关如何纪念爱迪生的各种建议。

10月21日，在电灯问世第52个纪念日里，爱迪生被安葬在格伦蒙特离他家不远的一棵大橡树下面。

　　当天晚上，全美人民以一种特殊的方式向这位伟人告别。除了关键地方的信号灯标志之外，美国境内的所有灯光全部熄灭一分钟。

　　一分钟后，从东海岸到西海岸，从城市的乡村，花灯齐放，天地通明！

　　爱迪生虽然离开了，但他的卓越功绩却永远留在美国人民乃至全世界人民的心中。他对人类的文明与进步做出了巨大的贡献。他一生的发明，在美国取得专利的就有1093项，其他发明和海外专利加起来多达2000多项。

　　同时，爱迪生也为人类创造了巨大的物质财富。据1928年的调查显示，全世界的资本用在与爱迪生发明有关的事业上数目可达157.25亿元。

　　正如美国总统胡佛为爱迪生献上的悼词所说的："所有的美国人都是爱迪生的受惠人！我们不仅在生活上接受了他的恩惠和利益，最重要的是我们继承了他的精神遗产！……爱迪生教给我们的是：只要不懈努力，必可达到目的。这就是他赐给我们的最为宝贵的遗产！"

有个年轻人想到爱迪生的实验室来工作，爱迪生亲自接见了他。年轻人说："我有一个伟大的理想，就是要发明一种万能溶液，它能溶解一切。"爱迪生听后，幽默地问："什么？那么你打算用什么器皿来放置这种万能溶液呢？它不是可以溶解一切物品吗？"年轻人听了，羞愧得不知该如何回答。

第十九章　对世界的巨大贡献

　　如果一个人的事业不能充分地为他说话，他最好是缄默。大半的人都说得太多了，如果只有那些确有点东西去说的人才说话，则说话必减少而力增加。

——爱迪生

（一）

　　人们常说，爱迪生是他那个时代最伟大的天才，历史上只有为数有限的几个人才能像第一盏电灯的发明者那样，极大地改变了人们的生活。但当爱因斯坦等科学家称爱迪生为"一位发明的神灵""一位能生产的天才"，而将他列为世界伟人时，爱迪生却深感不安，他甚至对"天才"二字感到憎恶。他说：

　　"将自然界的奥秘取出来运用在为人类谋求快乐上——当我们在今世最短促的时光中，我不知道有比这样更好的服务。"

　　他还反驳那些称赞他是天才的人说：

　　"这完全是假话！艰苦的工作才是实在的。我的发明是靠实践得来的，绝不是什么天才。"

　　可以说，爱迪生既是一位天才的梦想家，又是梦想的实践者。早在童年时代，他就对大自然的奥秘充满兴趣，并经常想要去了解、揭开这些奥秘。

爱迪生喜欢思考问题。他认为，思考能让人开心和快乐。对于每一件事，他的设想都十分丰富。当他倾心于选矿事业时，由于要设计一种机器，他画了3张设计图交代技师。那些图都只是表示概要，并没有完全画好，技师向他表示，依据这些图是无法造出机器的。爱迪生也不与技师辩论。过了两天，他对于要制造的机器作了48张设计图，然后默然地摆在技师面前。设计师依据其中的一幅图，果真造出了机器。

爱迪生不但喜欢思考，还十分喜欢工作。在他75岁时，有人问他什么叫生活？他笑着回答说：

"工作。发现大自然的秘密，用大自然为人类造福。"

在发明过程中，爱迪生从来都是不怕麻烦、不怕困难、不怕失败，对生活始终都充满了乐观的心态。爱迪生的助手们说：在研究上，不论遭到怎样的失败和挫折，爱迪生都从不灰心。因此，他的发明也像吃饭一样，一天都不能少。一直到临去世时，他还在继续搞发明，尤其发明"和平利器"为其终生的愿望。

对于大多数人来说，耳聋会带来许多害处和不便，但爱迪生却对自己的耳聋不以为然，甚至还将其变害为利。耳聋后，他经常幽默地对人说：

"耳聋是一种福音。"

事实上，爱迪生只是听力受到了阻碍。这种疾病对于他钻研业务可能也是有利的。他后来在回忆自己当电报员时，曾这样说道：

"我可以毫无误差地听出自己电报器的发声节奏，却听不到其他分散注意力的声音，甚至也听不到大房间内身旁同事的电报机声。"

后来，当爱迪生研制早期贝尔电话时，由于听觉的不灵敏，他不得不做出改进电话的决定，最终创造出了迄今为止仍十分重要的炭极式发射器。

耳聋也促使爱迪生发明了留声机。对此，爱迪生说：

"纯粹是耳聋促成我完善了对这种机器的试验。在制作钢琴曲唱片的问题上，我足足用了20年的时间，因为钢琴曲充满了泛音，所以我能制作出来——正是由于我的耳聋。"

（二）

虽然爱迪生不是一个骄傲的人，但却一般不愿意接受别人的意见。他虽然注意利用别人的研究成果，但却绝不迷信权威。在改进发电机时，他就曾向一位电学权威挑战。他也不相信当时流行的什么"电机普遍规律"，他说：

"如果按照这样的规律设计发电机，那么电机效率只有50%，电灯的使用费用将是昂贵的，那能有多少人用得起电灯呢？我要用实践证明，发电机的效率仍然是可以提高的。"

为此，爱迪生不怕权威的讥笑和奚落，最终经过自己的不懈努力，研制出了效率高达90%以上的发电机。

爱迪生的一生，不仅与桀骜不驯的电器争斗，还同各种陈腐的宗教观念争斗。1910年秋季的一天，有人问他：

"上帝对你意味着什么？"

爱迪生听到这个问题，不屑地说：

"一个有人性的上帝对我毫无意义。"

他还宣称，自己"是一切迷信的敌人"，"圣经是胡说八道"。

爱迪生的话传到教会后，立即在宗教界掀起了轩然大波。一些教徒不仅谩骂诋毁爱迪生，就连他家中的信箱里都充满了杀气腾腾的来信。

但爱迪生对教会的这些攻击恐吓毫不惧怕。他说：

"我并不为我的攻击担心，我说的是真话，我从来没有看见过天堂和地狱。上帝关于个人未来道路的理论没有丝毫科学证明。证据！证据！这才是我经常要追求的。"

爱迪生还是个十分富有想象力的人。他认为，任何一个愿意观察、学习和思考的人，都可以有好的想法。他还相信，每个人都应该尽可能早地注意观察我们所处的世界和大自然，去思考他们所看到的事物。他认为，一个人越勤于思考，思考就会变得越容易。他还说：

"如果你在年轻时不学会思考，你也许永远都不会思考。"

爱迪生也十分热爱学习。他认为，学习特别值得肯定，因为自己的大部分知识都是靠自学而来的。因此，在学习方面，爱迪生一直都非常刻苦，甚至是乐此不倦。著名汽车大王亨利·福特在《我所认识的爱迪生》一书中这样写道：

"就我所知而论，他不仅对于一切事物都发生兴趣，而且对于一切事物他都是专家。人人都知道他是科学家，但在我第一次和他旅行时，以及后来的旅行中，每次和他见面时，我都惊异地发现他对于飞鸟、树木、花草的广博知识，并且完全明了地质学和天文学。他的历史和政治知识也很广博。他对于艺术极有兴趣，而尤羡慕于希腊艺术和建筑艺术的朴素。他手成的直线和图式都含有美感。"

对于学习这件事，爱迪生自己也说过：

"我不追想过去，只为了今日和明日生活。我对于科学、艺术、企业及其他一切东西，都充满了兴趣。天文学、化学、生物学、物理学、音乐、哲学、机械学等等，我什么都读。只要是有关于世界进步的，什么学问我都不憎恶。我读科学学会的刊物，读商业的新闻，又读关于演剧的东西，读关于运动的东西，我也因此得以理解世界。我跟着世界大势行走，但书籍给予我以瞬间的慰乐，真当感谢！"

据爱迪生自己说，他给自己读书的定额是：每天读3本书。而爱迪生读书也有自己的特点，那就是善于在短时间内精通一个方面的内容，将前人和当代人达到的水平掌握到自己的大脑中。

每当要进行一个试验时，不管在理论方面面临多大困难，爱迪生都先把凡是可以借到的有关著作集中起来，然后一本一本地啃读，最后再做试验。

在试验过程中，爱迪生也会将遇到的各种问题和新的发现认真记录下来。比如，关于蓄电池的试验，他就记录了5万多次。

爱迪生的助手还讲述了这样一件事：

在研制打字机的一个部件时，爱迪生同所有的制造商约好，让他们某一天将各种打字机的样子都送过来，并分别派代表前来予以解释说明。同时，他又从图书馆把有关这个机件的书籍全部借来，并集中精力阅读了一遍。

第二天，当制造商派来的代表到来后，爱迪生就对他们头头是道地讲了起来，甚至还给他们画出了示意图，让那些专家代表们一个个目瞪口呆。

爱迪生的助手目睹了这件事后，曾把爱迪生那个晚上读过的书借来通读一遍，结果竟用了11天的业余时间。

（三）

爱迪生一生都醉心于科学研究，对自己的私事却常常毫不在意。可以说，他在73岁以前从未好好睡过觉。既使到了晚年，他每天的工作时间仍然不少于16—18个小时。

爱迪生一做起试验来，就会忘记睡眠和休息。偶尔实在疲乏坚持不住时，才稍事休息片刻。因此，他也非常喜欢与他有同样精力的人担任他的助手。

一次，有个自称无眠的人来到爱迪生的工作室找工作。爱迪生对这个人很感兴趣，认为这个人可以成为他最理想的助手，于是聘用他过来工作。

可是，在连续工作60个小时后，这位自称"无眠"的助手再也支持不住了，倒头便睡，就连机器出现故障，发出巨大的轰鸣声也没能惊醒他。而此时，同样60个小时没有休息的爱迪生却仍在孜孜不倦地工作着。

当时，爱迪生不倦工作的精神是远近驰名的，许多人因此也很羡慕他。有一天，爱迪生接待了一位来访者，这位来访者一定要爱迪生介绍一下他工作不知疲倦的"秘诀"。

爱迪生觉得这个人的请求很好笑，因为他不倦工作本来就没什么秘诀。但为了应付这个人，他顺口说了一句笑话，告诉那位来访者说："每天早上吃一只兔子或许能行。"

结果那人对爱迪生的玩笑信以为真，回去后果然照此进行。

可6个星期以后，这个人已经被工作累得大病一场，起不来床了。

爱迪生平时也不是个讲究修饰的人，经常穿着破旧的、被化学药物染污了的衣服，而且这种习惯到老年时尤其明显。平常人都以为他是个普通的伙夫，报纸也常会刊载一些讽刺他的文章。但这恰好有力地证明了这样一个事实：爱迪生将他全部的心血和精力都倾注在科学研究上了。

因此，爱迪生也为人类创造了大量的物质财富。1922年，据美国国会统计，爱迪生令美国政府在50年内的税收增加了15亿美元。又据1928年的调查，全世界的资本用在与爱迪生的发明有关的事业上的数目如下：

电车：65亿元

电灯：50亿元

电影：12.5亿元

电话：10亿元

电力输送：8.57亿元

电报：3.5亿元

铁筋工：2.71亿元

车辆工场：1.9亿元

蓄音机：1.5亿元

电动力：1亿元

电气装置：3700万元

无线电话：1500万元

蓄电池：500万元

　　这些数据总共合计是为157.25亿元。由此可见，爱迪生对于现代物质文明产生的影响是何其重要！爱迪生在20世纪世界上的地位，由此也可一目了然。

　　爱迪生的创造发明不仅在美国，在世界上也产生了巨大的影响。为此，美国以爱迪生为骄傲，美国国会还给爱迪生颁发了荣誉奖章。美国汽车大王福特也曾说：

　　"美国之所以是世界上最为繁荣的国家，是由于美国有一个爱迪生。"

　　美国的科学技术发展，大体上也可以以爱迪生来划出界线。在爱迪生之前，美国的技术基本是照搬欧洲的；而在爱迪生之后，美国才有了自己的技术。所以说，爱迪生也是美国技术发展转折的一个重要标志。

　　在埋头于研究的某一天，爱迪生到税务局去纳税。在排队等候时，他的头脑还想着研究的事，工作人员叫他的名字时他都没反应。正好旁边一熟人告诉他："你的名字不是叫托马斯·爱迪生吗？"可他却说："我在哪听过这个名字呢？哦！对了，这不是我的名字吗？"对于这件事，后来爱迪生回忆说："那时虽然只不过三秒钟，可即使有人说要我的命，我也无法想起自己的名字来。"

爱迪生生平大事年表

1847年2月11日　生于美国中西部俄亥俄州的米兰镇。

1853年　6岁，随家人迁往密歇根州休伦市北部的格拉蒂奥特堡。

1855年　8岁，在小学读书3个月后，被勒令退学。

1858年　11岁，实验了他的第一份电报。

1859年　12岁，开始在火车上做报童。

1861年　14岁，办了一份小报《先驱报》。

1862年　15岁，救了一个在火车轨道上即将遇难的男孩，获得孩子父亲的感激，开始学习电报技术。

1863年　16岁，担任大干线铁路斯特拉福特枢纽站电信报务员。

1868年　21岁，以报务员身份受聘于西方联合公司，同年发明"投票计数器"，获得生平第一项专利权。

1869年　22岁，与友人合设"波普—爱迪生公司"。

1870年　23岁，发明普用印刷机，出让专利权，获4万美元。在纽约克自设制造厂。

1871年　24岁，与玛丽·斯蒂尔维尔结婚。

1872—1875年　先后发明了二重、四重电报机，并协助别人发明了世界上第一架英文打字机。

1876年　29岁，在新泽西州的门罗公园建立了一个实验室——第一个工业研究实验室。同年，申请电报自动记录机专利。

1877年，30岁，在门罗公园改进了早期由贝尔发明的电话，使之投入实际使用。同年，发明了他最为心爱的一个项目——留声机。

1878年，　31岁，宣布解决电照明的问题。同年，获留声机专利。开始进行发明电灯的研究。

1879年 32岁，改良发电机。发明高阻力白炽灯，连续点燃了40个小时。

1880年 33岁，获得电灯发明专利权。同年，第一艘由电灯照明的"哥伦比亚号"轮船试航成功。12月，成立纽约爱迪生电力照明公司。

1881年 34岁，纽约第五大街总部设立。在门罗公园试验电车。

1882年 35岁，发明电流三线分布制。成立第一所中央厂。

1884年 37岁，妻子玛丽病逝。

1885年 38岁，提出无线电报专利。

1886年 39岁，与米娜·米勒结婚。

1888年 41岁，发明唱筒型留声机。

1889年 42岁，参加巴黎百年博览会。完成活动电影机。

1891年 44岁，发明"爱迪生选矿机"，开始自行经营采矿事业。获得"活动电影放映机"专利。

1893年 46岁，建立起世界上第一座电影"摄影棚"。

1894年 47岁，在纽约开辟第一家活动电影放映机影院。

1896年 49岁，第一次在纽约的科斯特—拜厄尔音乐堂使用"维太放映机"放映影片。

1902年 55岁，使用新型蓄电池作车辆动力的试验，行程8047千米。

1903年 56岁，爱迪生公司摄制了第一部故事片《火车大劫案》。

1909年 62岁，蓄电池研究获得成功。同年，获得原料机、加细碾机、长窑设计专利。

1910年 63岁，发明"圆盘唱片"。

1912年 65岁，发明"有声电影"。研制成传语留声机。

1914—1915年 发明苯酚综合制造法，自行制造苯、靛油等。

1915—1918年 为美国海军完成了39件发明，其中最著名的是鱼雷机械装置、喷火器和水底潜望镜等。

1927年 80岁，完成长时间唱片。

1928年 81岁，从菊科植物中提炼橡胶成功。

1931年 84岁，10月18日，爱迪生在奥兰治因病去世。10月21日，全美国熄灯以示哀悼。